T0065300

EL REGALO MÁS GRANDE ERES TÚ

EL REGALO MÁS GRANDE ERES TÚ

Descubre el poder de tu Ser a través de la integración del Coaching y el Reiki

Ramiro A. Escalante

Número de Control de la Biblioteca del Congreso de EE. UU.:   2016907499
ISBN: Tapa Dura   978-1-5065-1430-7
                     Tapa Blanda   978-1-5065-1431-4
                     Libro Electrónico   978-1-5065-1435-2

Información de la imprenta disponible en la última página.

Fecha de revisión: 13/05/2016

Para realizar pedidos de este libro, contacte con:
Palibrio
1663 Liberty Drive
Suite 200
Bloomington, IN 47403
Gratis desde EE. UU. al 877.407.5847
Gratis desde México al 01.800.288.2243
Gratis desde España al 900.866.949
Desde otro país al +1.812.671.9757
Fax: 01.812.355.1576
ventas@palibrio.com
734777

ÍNDICE

AGRADECIMIENTOS

En primer lugar quiero agradecer a **Dios** porque siempre me ha guiado a tomar las mejores decisiones en mi vida, encontrando en el camino a grandes personas que me han hecho crecer a través de distintas situaciones en la vida. A todos ellos infinitas gracias.

En especial quiero agradecer a mi padre Ramiro Escalante P., por darme el impulso final antes de su partida al cielo, para que siguiera emprendiendo camino en otras latitudes del mundo para seguir haciendo mis sueños realidad. Hoy te puedo decir que te amo, te acepto y te valoro.

A mi madre Jacqueline Del Castillo G., por ser un pilar fundamental en el desarrollo de mi persona para lograr mis metas, por el soporte, la dedicación, por cada palabra de aliento y el amor incondicional. Siempre estas presente en mi corazón.

A mis hermanas Jacqueline y Estherlina Escalante por todos los momentos que vivimos y el cariño. A mis abuelas Lina Escalante y Francia Góngora por todos los valores y el amor que me dan.

A mis tías Janet Escalante y Elsy Escalante por el amor incondicional y la guía. A mis tíos Ernesto Escalante, Jorge Escalante y Alex Del Castillo por el soporte, el apoyo y la confianza. A toda mi familia y ancestros por el apoyo incondicional y creer en mi. A Lilian Sorondo por ser como una madre y contar con su apoyo y amor incondicional.

Gracias especiales a mi mentora Jacqueline Betancour por estar siempre pendiente de los detalles en este proceso de cambio a una nueva visión de vida. Y muy especial a la Academia de Coaching y Capacitación Americana por todo los procesos y aprendizajes.

A mi queridísima amiga y maestra Nieves Avellan, por estar a mi lado tantos años impulsándome al crecimiento del Ser que hay dentro de mi, te honro y te bendigo por tan bella misión de vida que tienes.

Hoy los honro a todos ustedes por estar en este tiempo y en este espacio para aperturar el cambio y la transformación en mi,

Infinitas Gracias de Corazón...

DEDICATORIA

Este libro va dedicado a todas las personas que se mantienen en continuo cambio en sus vidas y que están en constante transformación para sacar lo mejor de si mismos.

A ti papá, por el amor incondicional, siempre las acciones valieron más que las palabras.

A ti mamá para que sigas creciendo en amor.

Ramiro A. Escalante Del Castillo

PRÓLOGO

Tengo el gran agrado de presentar esta obra, cuyo autor es un colega y amigo. Al escucharle hablar sobre sus metas en la vida él siempre ha servido de inspiración en mi vida. Desde el momento en que decidió cumplir una de sus metas como Coach de Vida y al exponerme el tema de su libro pensé es una herramienta para ayudar a muchas personas, que como yo han tenido situaciones donde a veces se pierden nuestro horizontes y decidí buscarlo como ayuda profesional.

A partir de ese momento he recibido técnica tras técnica de Coaching de Vida que me han llevado a internalizar y redireccionar mis estados de conciencia para aclarar mi mente que en algún momento se sintió nublada y re descubrir áreas de mi que se habían quedado dormidas. Como Life Coach y Master Reiki, el autor ha sabido poner en balance técnicas para despertar la conciencia del ser tanto a nivel mental como a nivel espiritual, integrando la conciencia del individuo para tomar el control de su vida en todos los aspectos. Me ha enseñado ha trabajar y apuntar hacia mis metas, a reconocer pensamientos y conductas no beneficiosas, a sentir y a dejar fluir los aprendizajes de vida que se me presentan cada día, así como también encontrar el balance espiritual en cada instante manteniendo mi motivación elevada.

Confió en él como guía y me lleva en cada encuentro a hacer un recorrido íntimo por mi ser con la intención de dar siempre lo mejor de mi, sin juzgarme y aceptando que todo lo que sucede es lo mejor que puede suceder. He re-descubierto la confianza en mí misma a romper con mis limitaciones y a no dudar sobre mis capacidades, cuando hay algo que no puedo hacer lo acepto sin auto castigos. Es una tarea constante el cambio de patrones y pensamientos, gracias a la combinación de técnicas como el Reiki, para liberar el estrés y el Coaching de Vida hago cambios constantes responsables en mí misma. Espero que tu, que lees esto ahora te sientas tan motivado como yo a levantarte y comprometerte contigo mismo, a hacer esos cambios que tanto deseas ver en tu vida. Cofia en el proceso, rompe las viejas conexiones en tu cerebro para crear nuevas conductas y aprendas a escuchar tu Ser Interior, ese es el camino por donde el autor te guía en un viaje a descubrir y sentirte Feliz de quien eres hoy. Te agradezco enormemente por permitirme compartir esta experiencia conmigo y de la cual estoy segura muchos otros también podrán nutrirse.

Sabrina Rojas

SOBRE EL AUTOR

Ramiro Antonio Escalante Del Castillo, nació en Caracas Venezuela el 18 de junio de 1978. Egresado de la Universidad Santa María en el área de ingeniería civil en el año 2003.

Emprendió la exploración de los conocimientos del ser a través del reiki tradicional donde obtuvo el grado de máster reiki en la Escuela de Reiki Venezuela A.C. en el año 2011. Realizó la colaboración y el servicio a la comunidad junto al equipo de maestros que apoyan a tan reconocida escuela. Continuando en la búsqueda de técnicas complementarias de la medicina tradicional, incursionó en el reiki tradicional japonés cursando la maestría en Gendai Reiki Ho, obteniendo el grado de shihan en mayo del 2015.

A mediados del 2015 emprende viaje a los Estados Unidos de Norte América a descubrir nuevos retos y es hasta entonces cuando incursiona en la Academia de Coaching y Capacitación Americana y empieza a utilizar las herramientas del coaching para sí mismo, emprendiendo un proceso de cambio y transformación más profundo, basado en el auto conocimiento, para emprender nuevos proyectos de vida, logrando la certificación internacional de coaching, a través de la especialización en life coach integral en septiembre del 2015.

Su experiencia en el área de terapia complementaria en el campo de la salud se expone al fusionar el coaching con el reiki.

INTRODUCCIÓN

𝕿odos los seres humanos en sus vidas, llegan a un punto donde de no saben que rumbo tomar, o simplemente no se dan cuenta de como se están comportando ante los diferentes acontecimiento de la cotidianidad. Hoy te puedo preguntar ¿Estas conforme con tu personalidad? O sientes que quieres cambiar esto o aquello que te esta molestando.

Desde la antigüedad aproximadamente en los años 470 a.C. el filosofo griego Socrates comenzó a explorar los ámbitos de la mente y el comportamiento humano, donde una de sus teorías es que cada individuo tiene la posibilidad de encontrar sus propias soluciones, dependiendo de su entorno o los conceptos que cada quien tenga para si mismos. Otra gran influencia filosófica fue la de Platón, que concluía que el Coach debe hacer preguntas poderosas para sacar lo mejor del cliente o coachee. Muchas otras influencias fueron tomadas en cuenta para dar como resultado el proceso de Coaching que vivimos en nuestros días. Donde se pudo llegar a la conclusión que el coaching es una disciplina que apoya a los clientes para que ellos mismos se valoren, se empoderen y puedan lograr sus metas y objetivos, encontrado la respuesta a todas sus preguntas y ansiedades en lo mas profundo de su Ser. Este aspecto lo profundizaremos mejor en el Capitulo I.

La población en general se ha enfocado tanto en las obligaciones, en el luchar para obtener las cosas (vehículos, viviendas, yates, joyas, etc.), en tener cada día mas títulos y profesiones para ser reconocido antes terceras personas, aumentando el Ego, lo que trae como consecuencia que muchas personas tienden a enfermarse por el "Estrés" y las diferentes conductas erráticas generando que perdamos la capacidad de ver la esencia perfecta y maravillosa que esta en cada uno de nosotros. Esa conexión divina que se expresa en las cosas mas sencillas de la creación y que esta en nuestro interior.

Conectándonos con nosotros mismos podremos explorar un mundo de posibilidades para hacer nuestros sueños y metas realidad, dirigiendo nuestros recursos de la mejor manera para que la felicidad y el optimismo estén presente en nuestras acciones diarias.

A través del Coaching podrán potenciar todas sus habilidades y aptitudes para un desempeño excepcional en su vida, de la misa forma puedo decirles que cuando están empoderados podemos ver lo mejor de cada situación, lo que podemos potenciar aun mas con la energía universal que se usa a través del Reiki. Esta es una técnica milenaria que estabiliza tus procesos bioenergéticos en el cuerpo, mente y alma, y te conecta directamente con tu evolución personal, abriendo tus canales energéticos para sanar cualquier situación o afección corporal, ya que esta es una técnica complementaria para la medicina tradicional avalada por la Organización Mundial de la Salud.

Este libro esta dirigido a todas las personas que quieren redireccionar su vida, liberarse del pasado, las ataduras y limitaciones que no los dejan avanzar. Hacer un punto y aparte en lo que veníamos haciendo para reinventarnos y ser cada día mejores desde su esencia.

Para la creación de este libro se tomo en consideración la creación de una encuesta en la que están basados los diferentes capítulos, en los cuales se ponen de manifiesto, el enfoque del coaching con algunos ejercicios.

Espero lo disfruten y sea muy útil para su despertar y crecimiento personal.

CAPITULO I

¿Que es el Coaching?

Dependiendo en el ámbito que se utilice esta palabra podemos tener diferentes interpretaciones de la misma, pero básicamente tienen un solo objetivo que es descubrir, transformar y explotar al máximo todas las cualidades internas que tiene una personas. Entre las que podemos mencionar: la creatividad, la fortaleza, la constancia, la perseverancia, la toma de decisiones, la aceptación y la valoración propia, el empoderamiento, la determinación, la felicidad, entre otras.

Esta disciplina solo se puede llevar a cabo entre dos personas, el Coach que es el encargado de dirigir la actividad y el Coachee que es la persona que necesita encontrarse a si mimo. Esta relación profesional está enmarcada bajo una estricta confidencialidad y respeto por todas las situaciones que se puedan hablar allí, trayendo como beneficio una comunicación de confianza y transparencia para que los procesos puedan ser mas asertivos. El Coach sólo aceptará lo mejor de ti y te estimulará para que vayas mas allá de las auto limitaciones propias que tienes en la mente y puedas ver ese diamante que hay dentro de ti.

> *"El coaching se centra en las posibilidades del futuro, no en los errores del pasado"*
>
> *John Whitmore*

El futuro lo estamos creando todos los días de nuestra vida, es por ello que a través del coaching podemos tomar la iniciativa de transformación personal para cambiar todos y cada unos de los aspectos que no estemos conformes.

En el coaching ayudamos a las personas a acortar la brecha que hay entre donde están actualmente y donde quieren estar, a través de la creación de un ambiente de apoyo que busca crear cambios positivos, enfocados a objetivos y crecimiento. Impulsando el liderazgo y empoderamiento de la inteligencia emocional de cada individuo.

En este proceso no hay justificación para estancarse en el pasado, analizando y evaluando lo que fue y lo que pudo haber sido diferente pero no lo fue, no hay razón para quedarnos en las circunstancias y situaciones, en las dudas y los temores.

"No encuentres la falla, encuentra el remedio"

Henry Ford

El desenvolvimiento de esta disciplina se lleva a cabo bajo preguntas poderosas para que las personas puedan ir encontrado dentro de si mismas sus puntos de atención, áreas que quiere mejorar, sus principios, valores, creencias, limitaciones y fortalezas, dando paso a nuevos planteamientos de objetivos y metas.

El Coach muchas veces te muestra el camino de las cosas que no puedes ver a simple vista, señalándote situaciones y aspectos para mejorar tu desenvolvimiento, mientras que al mismo tiempo incita la motivación para evolucionar y se lo mejor posible.

Con un énfasis en resultados se ayuda a que el cliente logre tener un enfoque claro, un plan de acción y la voluntad para sobrepasar patrones de comportamiento destructivos. De tal manera nuestros clientes pueden tomar pasos requeridos para alcanzar sus metas y sobrepasar las barreras cambiando sus niveles de energía, construyendo a su vez un sentimiento de pasión, emoción, determinación y el sentido de propósito y conexión. El Coaching tiene la habilidad para devolver el sentimiento de control y certeza que a veces se ha perdido en la vida de las personas y esto se logra a través del uso de herramientas, metodologías y sistemas de Coaching, dando apoyo, retroalimentación, motivación y enfoque para sacar provecho de los recursos que todos tenemos.

"Existe una vitalidad, una fuerza vital, una energía, una manera de moverse que se transmite a través de los actos. Dado que nunca ha existido otra persona como tú, porque cada uno de nosotros es único, tu manera de expresarte es también única y original. Si la bloqueas, nunca podrá existir y se perderá, puesto a que tú eres el único medio a través del cual puede expresarse."

Martha Graham

El punto de inicio de esta disciplina consiste en minimizar la cantidad de cosas que te distraen de tus objetivos, para reemplazarlas por pensamientos positivos y situaciones enriquecedoras.

Es aquí donde pondrás tu vida en forma, eliminando tus hábitos, creencias y aprenderás a protegerte de comentarios y personas desagradables.

Las funciones de un Coach son:

- ✓ Hacerte entender por qué actúan como lo hacen y por qué tienen los resultados que tienen.
- ✓ Crea y lleva a cabo un plan de acción que los lleve a conseguir resultados.
- ✓ Ganar un mejor entendimiento de las relaciones que le rodean y saber cómo mejorarlas.
- ✓ Superar momentos de crisis y transición.
- ✓ Construir y mantener su autoconfianza y autoestima.
- ✓ Superar eventos traumáticos que los han obstaculizado.
- ✓ Romper patrones de comportamiento negativos.
- ✓ Sobrepasar creencias limitantes.
- ✓ Lograr metas específicas.
- ✓ Sobrepasar patrones de pensamiento no recursivos y limitantes.
- ✓ Crear y mantener un estilo de vida balanceado.
- ✓ Crear más riqueza.
- ✓ Mejorar su desempeño laboral.
- ✓ Crear y mantener relaciones interpersonales positivas.
- ✓ Trabajar de manera efectiva en equipo.

Sólo el coachee tiene la responsabilidad real de buscar y encontrar las formas mas acertadas para solucionar sus problemas personales, de pareja, emocionales, laborares y existenciales, a través de diferentes análisis que van a hacer conjunto con su Coach para exponenciar sus habilidades, destrezas y aptitudes.

Hace más de 30 años aparece la palabra Coaching en los Estados Unidos de Norte América con el objetivo de incrementar el rendimiento individual (posteriormente grupal) de los atletas. La primera edición del libro "El juego interior del tenis" de Timothy Gallwey sienta algunas de las bases de los paradigmas en los que se sustenta hoy el Coaching"... con la palabra aprendizaje, no me estoy refiriendo a una acumulación de información, sino al descubrimiento de algo que cambie tu comportamiento"

Analizando la historia del coaching, nos damos cuenta de que son muchos los psicólogos, filósofos, neurólogos, pensadores, formadores e investigadores que han aportado al nacimiento y desarrollo de esta nueva profesión en la que confluyen numerosas teorías y prácticas con un objetivo común: favorecer el desarrollo del ser humano, desde una visión totalmente novedosa y sin antecedentes. La sumatoria de todos los conocimientos dirigidos al ser humano ha dado paso a una nueva metodología con un enfoque distinto, por lo que el coaching ha llegado dispuesto a quedarse.

Antecedentes de Coaching

Influencia de Sócrates

Parte de la historia del coaching se desarrolla inicialmente a través de la filosofía griega, en los años 470 antes de Cristo, principalmente con el filosofo ateniense **Sócrates**, quien creo el método llamado **Mayéutica,** en el cual se desarrolla el potencial del coachee, induciéndolo a buscar su verdad, según sus experiencias de vida, tomando en consideración que

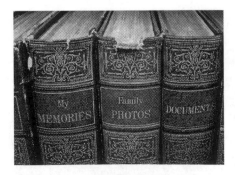

el coach no va a enseñarle nada al coachee, sino hacer entrar en razón de lo que esta bloqueando el proceso de evolución del propio coachee (cliente).

El coaching es un espacio amplio donde se pueden desarrollar diferentes ámbitos de la vida personal de los coachee, es un darse cuenta del trabajo interior que hay que hacer para proyectarlo al exterior, teniendo como resultados los pasos a seguir para la ejecución de un objetivo. Si el coachee no se abre completamente se estaría auto limitando.

Influencia de Platón

En la misma Grecia Antigua, cuarenta y dos años después de la de Socrates, aparece el pensamiento de Platón en el año 428 antes de Cristo. En el cual se destaco la importancia del como hacer las preguntas del Coach para potenciara sus conversaciones. La manera mas expedita de hacer ver al coachee de lo que tiene que hacer o cambiar en si mismo, es a través de preguntas poderosas que lo lleven a darse cuenta de donde esta el problema. El hacer las preguntas acertadas y escuchar detenidamente los planteamientos en cuestión, son herramientas que utiliza el coach para poder catalizar al coachee. Para la época de Platón se podía concluir que el carácter de una persona se puede formar dependiendo de su nivel de educación.

Uno de los objetivos principales del Coach es hacer brillar la parte interior del coachee, es el despertar el auto conocimiento en los diferentes aspectos de la vida, como lo son: la educación, las relaciones interpersonales, el funcionamiento de la mente, hacernos conscientes de como nos expresamos, nuestros sentimientos, el desenvolvimiento corporal y el ámbito espiritual. El auto conocimiento del coachee puede acceder a un desempeño extraordinario, producto de un proceso de aprendizaje fuera del alcance técnico y formal. Platón disentía en algunos aspectos ideológicos con su maestro Sócrates y sin embargo entendía el valor de las conversaciones tal como le enseñó su maestro. El coaching es una disciplina que puede ser usada en cualquier persona sin importar su religión, sus creencias o filosofías personales ya que se basa en el crecimiento personal proyectado en las relaciones interpersonales.

Influencia de Aristóteles

La filosofía realista que sostiene Aristóteles, es totalmente opuesta a la filosofía idealista de Platón. El basamento de Aristóteles para el desarrollo individual de una persona se enfoca en el intelecto, es decir, que las personas serán valoradas según sus conocimientos, sus títulos obtenidos y los reconocimientos que pueda obtener de lo sociedad o el exterior. Esta ideología se basa en el Deber Ser de la persona, específicamente en todas las acciones y logros que debe hacer un individuo para sentir la autorrealización, que puede ser de objetivos intelectuales, materiales o personales. El hombre puede llegar a ser lo que desee, teniendo en cuenta que el poder esta en su mente. Sin embargo, el coaching consigue integrar las ideas de la parte realista y la idealista. Para el coaching el SER viene dado por las cualidades y actitudes únicas de la persona, que es donde se enfoca para obtener la felicidad y la autorrealización propia para después pasar al Deber Ser que es donde quiero llegar, donde hay un camino que transitar, probable y con un fin.

Según los lineamientos de Aristóteles, el motivador numero uno es la acción, sin esta ninguna persona puede obtener lo que quiere. Por esta razón el coaching incita al coachee a que tome siempre acciones para cambiar las situaciones que lo abruman.

Influencia de la Filosofía Existencialista

Esta filosofía toma en consideración la reflexión del Ser, teniendo como basamento la felicidad desde el Yo Soy, enfocándonos al ¿Que?, al ¿Como? y a la conducta, en vez del los ¿Porque? De la vida. Por esta razón es tan importante la toma de conciencia de lo que hacemos, como lo hacemos y como influye en nuestro exterior.

La metodología del Coaching es influenciada fuertemente por la Psicología Humanista, la cual esta basada en la Filosofía Existencialista y la Fenomenología, estas han sido las dos fuentes de influencia que consolidaron la Psicología Humanista, El coaching se ha consolidado con una identidad propia, incluyendo todas las influencias que se han nombrado hasta ahora de una forma armónica, teniendo como basamento la existencia individual. Si Aristóteles nos enseñó que la acción hace a la construcción de nuestro propio ser (a través del hábito), la filosofía existencialista nos presenta la otra cara de la moneda: la reflexión.

Influencia del Método Fenomenológico

Mucho antes de que se desarrollara la Programación Neurolinguistica, ya existía la fenomenología, la cual es poco conocida, ya que la misma incita a los facilitadores o terapeutas a desprenderse de todo prejuicio para nuestros Coachee, de manera que a través de sus mismas ideologías y vivencias ellos mismos puedan encontrarse y tomar conciencia de lo que son y lo que están creando.

A través de coaching nos alejamos de la influencia del conocimiento que juzga y nos permitimos desarrollar nuestra intuición para tener una visión mas global del entorno y del cliente, ya que cada persona es totalmente independiente de otra, es decir, cada una tiene su mundo según sus vivencias, permitiendo así que el coachee se perciba a sí mismo tal como es.

Influencias de la Psicología Humanista

La fusión de dos grandes influencias como lo son La Filosofía Existencialista y Método Fenomenológico, dan paso a la Influencia Humanista. En los años ochenta aparece el Coaching con el mismo lenguaje de esta influencia que curiosamente se venia en decadencia. El coaching toma en consideración conceptos como: la conciencia, la voluntad, la libertad, autorrealización, y liberación del potencial.

Algunos de los aspectos que ha beneficiado el coaching por parte de esta influencia son:

✓ Tomamos en consideración que cada ser humano es único y diferente.
✓ Trabajamos en la conciencia de las personas ya que con ella las aumentamos la capacidad de elección.
✓ Encontramos significados y no explicaciones de las cosas o situaciones.
✓ El cliente es el punto principal y los objetivos materiales están en segundo plano.
✓ Nos enfocamos en los factores motivadores del ser humano como los son la auto superación y la auto realización.

✓ El coaching no enseña, el cliente aprende.
✓ Nos orientamos al comportamiento (hacer, vivir y sentir).
✓ Hacer que el coachee defina sus metas y que quiere ser para que vaya construyendo su realidad.
✓ La aceptación y la comprensión es la base fundamental dela confianza enel proceso.

Origen de la palabra Coach

Entre los siglos XV y XVI, específicamente en la ciudad de Kocs, ubicada en el condado de Komaron-Esztergom en Hungría se da origen a esta peculiar palabra. Esta ciudad era muy importante para el comercio de la época y era gobernada por el Rey Mattias Corvinuos, esta ciudad era parada obligatoria para todos los viajeros que hacían el trayecto entre Viena y Budapest.

Los carruajes de suspensión se empezaron a construir y a utilizar en esta ciudad para hacer mas confortable el viaje entre las ciudades aledañas. Empezó así a hablarse del "kocsi szekér" o "carruaje de Kocs", símbolo de la grandeza y nobleza en aquella época. Kocsi, dió origen a palabras Coach en inglés, kutsche en alemán y coche en español. Ambas acepciones tienen un significado común: facilitadores para llegar más rápido a un destino.

En Inglaterra se utilizaba la palabra "Coach" para nombrar los caruajes, pero a partir del año 1850, en las universidades inglesas se estaba usasndo para nombrar a los entrenadores que dio paso a el Coach Deportivo. Más tarde, en 1960, el término se emplea también para distinguir programas educativos, pero hasta 1980 no se habla de Coaching como una profesión con formación y credenciales específicas. Es aquí cuando surge el concepto de Coaching Ejecutivo como una nueva y poderosa disciplina.

Tipos de Coaching

Coaching Personal:

Es también reconocido como Coach de Vida. Este se encarga fundamentalmente de optimizar todos los aspectos de la vida de una persona, profesión, salud, relaciones interpersonales y de pareja. Estableciendo objetivos específicos para cada uno de ellos y encaminando al coachee a lograrlos. Cambiando sus pensamientos, creencias limitantes y hábitos para empoderarlo con su potencial interno.

El Coaching personal estipula la clasificación de visiones y valores personales, así como el establecimiento de metas y nuevas acciones para que el ser humano pueda llevar una vida más satisfactoria.

Coaching Ejecutivo:

Se enfoca en personas que trabajan en cargos de alto nivel para poder lograr dentro de una organización su misión, visión y metas, a través de su proyección a los empleados y demás ejecutivos.

Ayuda a los directivos a descubrir sus puntos fuertes para organizar un plan de acción con el que puedan superar los posibles obstáculos en su liderazgo y aumentar su valor para la organización. El ejecutivo acompañado por un Coach, se transforma en un profesional mas eficiente al modificar su estilo de gerencia y corregir sus actitudes negativas.

Las áreas del Coaching ejecutivo abarcan:

- ✓ El desarrollo de liderazgo.
- ✓ Técnicas interpersonales y de comunicación.
- ✓ Coaching para el aumento de la satisfacción personal y las oportunidades laborales.
- ✓ El Coaching de técnicas especificas.
- ✓ El desarrollo de súper estrellas.
- ✓ La planificación estratégica ejecutiva.
- ✓ Las soluciones de los conflictos.

El Coaching ejecutivo se puede focalizar en la creación de un equipo laboral de máximo rendimiento, trabajando con los integrantes del mismo, para convertirlos en los jugadores de equipo, más eficaces y entrenando a los ejecutivos directivos para su transformación en Coach.

Coaching Empresarial:

También es llamado coaching de negocios. Consiste en apoyar al cliente a definir y lograr las metas empresariales y a expandirse a los propietarios como empresarios. Actualmente son numerosos los propietarios y ejecutivos de múltiples organizaciones que emplean los excelentes servicios de los Coach empresariales, para que les asistan en el desarrollo, fomento y crecimiento de sus negocios, sus empleados y a si mismos. Los empresarios no disponen del tiempo necesario para darle el adecuado seguimiento que conlleva un programa convencional de formación en Management y existe la posibilidad que carezcan de técnicas personales y de comunicación, necesarias para el trato eficaz de su personal.

Dentro de las áreas donde el Coach empresarial desarrolla su labor, resaltan las siguientes:

✓ Técnicas interpersonales y de comunicación, como obtener el máximo rendimiento de los empleados.
✓ Gestión del tiempo.
✓ Desarrollar un equilibrio entre la vida profesional y la personal.
✓ Progreso del personal y como resolver los conflictos.
✓ Identificación de los vacíos y obstáculos para obtener una mayor eficacia.
✓ Pensamiento estratégico y planificación organizacional.
✓ Incremento de participación de mercado.
✓ Desarrollo y mejoramiento de servicio al cliente.

Coaching para la Profesión:

Por lo general las personas lo utilizan cuando no saben que opciones tomar en el ámbito profesional y quieren reorganizar sus prioridades, cambiando de labores o empleo, incorporándose al campo laboral de una forma diferente.

Coaching Deportivo:

Es aquel que va asignado a los atletas en las diferentes disciplinas (football, tenis, baseball, golf, etc.), haciendo mejorar el rendimiento en cada deporte y el desarrollo de habilidades que permitan al deportista maximizar sus recursos para vencer los obstáculos y retos trayendo como beneficio éxito.

Coaching para la Salud:

Consiste en transformar y valorar el poder interior de una persona que este padeciendo de alguna enfermedad, a través del aprendizaje específico de la patología que se tenga, para lograr cambios relacionados al bienestar físico, emocional y mental. Logrando así una mejor calidad de vida.

Conducta del Coach

Las conductas que debe tener un Coach están referidas a las siguientes habilidades:

Atención: Este termino se refiere a lo que hacen los coachees para demostrar o manifestar al Coach que están escuchando. Hay aspectos verbales y no verbales en esta actividad. Los aspectos no verbales incluyen conductas como: Dar la cara a la otra persona, Mantener contacto visual, Gestos de asentimiento, Evitar conductas que puedan distraerlos tales como ver papeles, interrumpir, etc. Los aspectos verbales incluyen palabras y expresiones de asentamiento. La habilidad principal que subyace es la de escuchar sin evaluar inmediatamente lo que la otra persona esta planteando. Significa tratar de comprender lo que la otra persona esta comunicando, en vez de evaluar si lo que dice es correcto o incorrecto o de si usted esta de acuerdo o no. Cuando se hace un juicio prematuro, se interrumpe el desarrollo de la información y se comunica una falta de respeto por la otra persona, lo cual destruye el proceso natural de un conversación de coaching.

Indagar: El Coach a través de preguntas debe de recopilar la suficiente información acerca del cliente para poder tener resultados positivos. Los coachee pueden ayudar a otros, a resolver problemas, sabiendo la forma en que esas otras personas entienden el problema, lo que han hecho para resolverlo y la forma en que piensan en que puede ser resueltos.

Reflejar: Una tercera conducta que apoya al Coach a obtener información es reflejar. De esta forma se comunica que se esta escuchando, que se empatiza con lo que la otra persona dice o siente, que no se esta juzgando y que se desea que la otra persona proporcione información que considere importante. Reflejar significa expresar lo que se cree que el otro dijo y comunicar los sentimientos que la otra persona ha expresado. En otras palabras se debe repetir lo que nos expresa el cliente para precisar sus sentimientos, valores y debilidades.

Afirmar. Esta herramienta se focaliza en el resultado final del coaching; la mejora continua del aprendizaje. Expresa la creencia del Coach sobre el deseo de la gente de ser competentes. Refuerza el sentido de logro en la otra persona y contribuye al compromiso de la mejora continua. El realizar afirmaciones durante una interacción de coaching puede dirigir la atención hacia dos grupos de competencias demostradas por la persona, como aquellas competencias que la persona ha demostrado en el trabajo y aquella competencias que la persona demuestra durante una interacción de coaching.

Disciplina: La ultima herramienta critica es esta, consiste en la habilidad para utilizar las otras cuatro, a fin de crear las características esenciales de una reunión de Coach. Esto significa: Asumir la responsabilidad por su propia conducta y aceptar la responsabilidad por el resultado de la interacción de coaching. En otras palabras: "si resulto, tuve responsabilidad en ello". Comprender y estar comprometido a crear las condiciones esenciales de coaching durante cada interacción como Coach. Comprender y estar comprometido a desarrollar la forma básica de conversación durante cada sección de Coach.

Una parte fundamental de la disciplina requerida por el Coach es el manejo de los fundamentos de la conversación. El Coach debe de utilizar siempre una comunicación asertiva para que los clientes sientan el valor de las palabras, aunado con un lenguaje positivo.

La forma de una conversación de coaching es la forma fundamental a la cual nos referimos y consiste en un proceso inicial de ampliación de información, seguido de la focalización de la información.

En la primera fase o de ampliación el Coach hace fundamentalmente dos cosas:

✓ Proporcionar la información que posee en referencia al propósito de la interacción.
✓ Ayudar a la otra persona a desarrollar información relacionada.

En la segunda fase, el Coach aplica la información obtenida en la primera fase, en el logro de un resultado positivo.

La aplicación practica de los conceptos de ampliar y focalizar, varia de acuerdo al tipo de conversación que se desea realizar. Todas estas conversaciones tienen como norte la orientación del desempeño.

Características del Coach

Los Coach son líderes preocupados por enfocar el desarrollo personal y profesional de cada miembro de la sociedad. Por ende deben poseer ciertas cualidades sobre las cuales haremos mención a continuación:

✓ Un Coach es positivo. Su función es alcanzar las metas personales de cada individuo.
✓ Un Coach es entusiasta. Como líder debe dar las pautas, su actitud es contagiosa e infunde energía positiva en cada encuentro.
✓ Un Coach es comprensivo. Su labor es proveer a sus clientes de lo que necesitan para desarrollarse eficientemente en su labor: herramientas, tiempo, instrucciones, respuestas y protección contra la interferencia externa. Debe guiar para prever las necesidades y evitar que se presenten problemas.
✓ Un Coach es confiable. Acepta y confía en el desempeño del cochee para lograr sus objetivos.
✓ Un Coach es directo. La comunicación efectiva es específica y concreta. Analice aspectos específicos. Haga que la labor sea manejable, es más probable que logre acciones si el cliente sale de su oficina dispuesto a resolver el problema actual.

✓ Un Coach esta orientado a la meta. Fundamenta las labores que asigna a sus clientes en metas claras y definibles. Asocia tareas específicas con las metas ya establecidas.

✓ Un Coach es experto. Debe conocer el trabajo a la perfección y también conocer a sus coachee: sus fortalezas y sus debilidades, sus gustos y disgustos, sus patrones de trabajo y sus idiosincrasias. Cuanto más considere a sus colaboradores como personas, mejor será su trabajo como Coach.

✓ Un Coach es observador. Es necesario involucrarse con su personal. Debe ser consciente de lo que expresa el lenguaje corporal y el tono de voz, si presta atención se dará cuenta de que problemas pueden presentarse y así poder evitarlos.

✓ Un Coach es respetuoso. Debe de aceptar todas las opiniones del cliente sin que le causen ninguna molestia.

✓ Un Coach es paciente. La paciencia es clave y es una habilidad de supervivencia en el lugar de trabajo. Se debe evitar respuestas viscerales, porque puede ser que debilite la confianza de los clientes en su habilidad para pensar y reaccionar.

✓ Un Coach es claro. Tiene que expresarse con la mayor claridad posible para que la comunicación sea eficaz.

✓ Un Coach debe ser seguro. Actuar con confianza, firmeza y persistencia.

Características del Coaching

Las esenciales son cinco:

Concreta: Se focalizan en conductas que pueden ser mejoradas. El Coach utiliza un lenguaje que va al grano y anima a la persona que esta haciendo "coacheada" a ser específica. Se focaliza en los aspectos objetivos y descriptivos del desempeño. El desempeño puede ser mejorado solamente cuando puede ser descrito en forma precisa que ambas partes entiendan exactamente lo mismo que se esta discutiendo.

Interactiva: En este tipo de conversaciones se intercambia información. Se dan preguntas y respuestas, se intercambian ideas involucrando ambas partes.

Responsabilidad Compartida: Tanto el Coach como el subordinado tiene una responsabilidad compartida para trabajar juntos en la mejora continua del desempeño. Todos los participantes comparten la responsabilidad de lograr que la conversación sea lo mas útil posible y por la mejora del desempeño que sigue a la conversación.

Forma Especifica: Esta forma esta determinada por dos factores primordiales: La Meta de la conversación esta claramente definida y el flujo de la conversación implica una primera fase en la cual se amplia la información, para luego focalizarla en aspectos específicos en la medida en que los participantes logran la meta pautada al inicio de la conversación.

Respeto: El líder que utiliza este modelo comunica en todo momento su respeto por la persona que recibe el coaching aceptando sus puntos de vista, sin emitir ningún juicio con respecto a ellos.

Elementos del Coaching

Valores: El coaching tiene base fundamental los valores subyacentes que ya han sido discutidos. Si no, se convierte simplemente en una serie de trucos conductuales o algunas técnicas de comunicación interesante.

Resultados: El coaching es un proceso orientado a resultados y que tiene como consecuencia la mejora continua del desempeño, ya sea individual o grupal.

Disciplina: El coaching es una interacción disciplinaria. A fin de lograr la meta, un Coach debe ser lo suficientemente disciplinado como para crear las condiciones esenciales, aprender, desarrollar y utilizar las habilidades criticas y manejar adecuadamente una conversación de coaching.

Entrenamiento: Para emprender conversaciones de coaching reales, se requiere de entrenamientos. No basta el conocimiento intuitivo o la simple memorización de ideas y conceptos, ya que esto no garantiza que se lleve a cabo conversaciones orientadas a mejorar el desempeño.

CAPITULO II

Lo Bueno y lo Malo

𝕰n una encuesta realizada para la elaboración de este libro, ante la pregunta *¿Conoces tu lado bueno y No tan bueno?* De 62 personas que respondieron la encuesta, 21 respondieron a esta pregunta "NO". Este resultado refleja un 34% y 41 personas respondieron a esta pregunta "SI". Este resultado refleja que un 66% entre hombres y mujeres que fueron encuestados podemos analizar que la mayoría esta consciente de sus  aspectos buenos y malo, mas sin embargo los mismos resaltaron que no saben como canalizar las cosas malas y están en búsqueda de aceptar y armonizar esas situaciones, una herramienta fundamental para esto es la combinación del Coaching y el Reiki.

La vida es un largo transitar de experiencias, en la que en algún momento nos detenemos a pensar que no solamente nacemos, crecemos, trabajamos, disfrutamos, tenemos éxitos, sino que también hay perdidas, sufrimientos fracasos y muerte. Podríamos decir que a lo largo de la vida nos ocurren cosa buenas y cosas malas, también se podría decir el orden y el desorden.

La mayoría de las personas siempre piensan en que quieren las cosas buenas para si, pero no dejan de enfocarse en lo malo que esta pasando en su entorno, cada vez que nos fijamos en las cosas externas que ocurren, estamos inconscientemente pidiendo que esto ocurra.

Tarde o temprano por esta situación el desorden o el caos puede llegar a nuestra vida, no importa la cantidad de pólizas de seguros que tengas, las situaciones pasaran. Muchas veces esto ocurre para que te des cuenta de como estas actuando ante tu vida y que es lo que realmente te esta produciendo los inconvenientes. Estas situaciones te llevan por lo general a hacer una introspección del ¿Por que? o ¿Qué? Estoy haciendo para que se origine esto o aquello. Todo esta en tu interior y a través de los diferentes acontecimientos de la vida nos hacen un llamado de atención para generar los cambios dentro de nosotros mismos a través de los aprendizajes. El coaching te conecta con tu esencia y te apoya para que tomes las mejores decisiones.

Queda de cada uno de nosotros decidir como vamos a tomar estos aprendizajes, o nos enfocamos en lo bueno, que por lo general es el bien que esta escondido en cada situación o nos vamos por el lado no tan bueno que es el colocarte como victima y hacer un drama de las cosas sucedidas. De ambas formas vamos a aprender, una mas rápida que otra, solo tu decides el camino que quieres transitar. Yo tomaría la decisión de subir mi nivel de conciencia y tomar el lado positivo. Otro punto de vista puede ver el desorden para construir el ingreso a una orden divina o superior. Según la Biblia:

"La sabiduría de este mundo es necedad ante Dios"

A través de nuestros pensamientos podemos aislar las situaciones y los acontecimientos de nuestra vida como si existieran separados unos de otros y por ende tratamos de calificarlos entre buenos y malos. Sin embargo todo lo que pasa a nuestro al rededor tiene una conexión.

La convicción de que existe algo bueno y algo malo solamente es una ilusión que se desprende de nuestros pensamientos, vivencias y enfoques externos. Siempre aplican una perspectiva limitada, de tal manera que son verdaderos solamente de manera relativa y temporal. Conectándonos con nuestro SER podemos empoderarnos y enfocarnos de la mejor manera para lograr nuestras metas y objetivos. A través del Coaching podremos conectarnos con nuestro Ser, logrando materializar nuestros mas grandes anhelos.

Muchas personas evitan el auto conocimiento porque tienen miedo de lo que se pueden encontrar, ya que no están seguras de si mismas. Y no están conscientes que esta es la mejor manera de poder transformar lo que no nos gusta de nosotros en algo positivo. El auto conocimiento es el resultado del análisis personal que realiza un individuo para conocer sus características y cualidades. Con esto puedes saber tus fortalezas. El respeto propio se basa en la aceptación de las fortalezas y de las debilidades.

Análisis FODA

A través del Coaching se pueden utilizar diversas herramientas para que te conozcas a ti mismo, generando la confianza necesaria para realizar un enfoque positivo en tu vida. Una de ellas es el análisis FODA en el cual analizaremos las Fortalezas, las Oportunidades, las Debilidades y las Amenazas.

¿Cuales son nuestras fortalezas?

Son los atributos o cualidades que tienen las personas para destacarse en cualquiera de los aspectos de la vida. Reconocer las fortalezas posibilita maximizar el talento.

Algunas preguntas para identificarlas pueden ser: ¿Que hace bien y con facilidad? ¿Que habilidades le han dado éxito? ¿Que se admira usted mismo? Algunas de las fortalezas de una persona pueden ser: pro activa, emprendedora, honesta, cariñosa, responsable, comunicativa, positiva, organizada, líder, luchadora, enfocada, prospera, exitosa, saludable, entre otras.

Las Oportunidades son todos aquellos eventos externos que se presentan para facilitar el logro de los objetivos. Estas nacen a partir de nuestras debilidades, ya que podemos tomar las debilidades y extrapolarlas a lo positivo para encontrar la oportunidad.

Cuando hablamos de las cosas que hacemos consiente o inconscientemente y no tenemos la suficiente eficacia para hacerlo y se nos salen de control, estamos en presencia de las debilidades. Identificar las debilidades permite buscar opciones y transformarlas en fortalezas.

Las Amenazas son todos aquellos eventos que pueden complicar el logro de los objetivos.

Una vez definidos estos aspectos podemos hacer un cuadro con cada uno de los factores de nuestra vida, como lo son: el trabajo, la, educación, las relaciones interpersonales, la familia, la espiritualidad, recreación, salud, finanzas y las emociones. En lineas generales estos tópicos alcanzan todos los aspectos mas importantes de nuestra vida. Con cada uno de estos factores hacemos el análisis FODA.

Le recomiendo tener un cuarto donde este tranquilo para que pueda analizarse usted mismo. O si prefiere puede hacerlo guiado con un Coach para mejores resultados. Tomemos un cuaderno y un lápiz y comencemos.

Divida una hoja en cuatro columnas, en la primera vamos a colocar las fortalezas, en la segunda las debilidades, en la tercera las oportunidades y en la cuarta las amenazas. Previamente debemos de seleccionar que aspecto de nuestra vida queremos analizar. Esto lo debemos hacer con cada uno de ellos para optimizar los resultados.

Empecemos a Escribir todas nuestras fortalezas. Podemos escribir todas las que queramos mas sin embargo yo recomiendo colocar entre tres y cinco para empezar. Algunas de las preguntas que te puedes hacer para identificarlas son:

¿Qué te gusta hacer?
¿Qué haces bien y con facilidad?
¿Qué disfruta hacer?
¿Cuales son sus habilidades mas preciadas?
¿Cuales son sus virtudes?
¿Qué recurso personal utiliza para lograr algo?
¿Qué le gusta de si mismo?
¿Qué le proporciona orgullo?

Comience a escribir todas las cosas positivas que se han derivado de estas preguntas y pasemos a la siguiente columnas. Es el turno de escribir las debilidades y para ello nos podemos preguntar:

¿Qué no le gusta de si mismo?
¿Qué tipo de cosas le impiden lograr sus sueños?
¿Qué tipo de hábitos tiene?
¿Qué cosas te limitan?
¿Qué ventajas tienen otras personas sobre usted?
¿Qué le da inseguridad?

¿Qué situaciones evita?

Empiece a escribir todas las cosas que se han identificado de estas preguntas y pasemos a la siguiente columnas. Es el turno de escribir las Oportunidades, en este momento como dijimos anteriormente podemos extrapolar todas nuestras debilidades hacia lo positivo y de allí podemos identificar las oportunidades.

O también podemos preguntarnos:
¿Qué oportunidades identifica a partir de una fortaleza?
¿Qué oportunidades se presentan si eliminamos alguna debilidad?
¿De su situación presente que puede ser una oportunidad?
¿Qué situación personal representa una oportunidad?

Escriba todas las cosas que lo puedan empoderar. Posteriormente pasemos a la columna de amenazas, donde puede hacerse preguntas de este tipo:

¿Qué obstáculos identifica?
¿En que situación se siente amenazado?
¿Qué amenaza identifica de alguna debilidad?

En conclusión podemos tomar lo mejor de este análisis del Coaching para tomar las acciones necesarias para poder cambiar y transformar los que no nos gusta. Se recomienda hacer un párrafo que te empodere con todas las oportunidades que tienes para crecer, una forma muy buena de asimilarlo es leerlo por un mínimo de veintiún días consecutivos en la mañana al levantarnos y en la noche justo antes de acostarnos. Después de este análisis podremos replantearnos a donde queremos estar.

ANÁLISIS FODA			
FORTALEZAS	DEBILIDADES	OPORTUNIDADES	AMENAZAS

¿Toda persona puede elegir?

La pregunta que expusimos en el titulo anterior, es parte de una encuesta realizada a diferentes personas para saber si están conscientes de las elecciones que realizan. De 62 personas que respondieron la encuesta, 14 respondieron a esta pregunta "NO". Este resultado refleja un 23% y 48 personas respondieron a esta pregunta "SI" reflejando un resultado de un 77% por lo cual un alto porcentaje de la población prefiere decidir las cosas que  esta dispuesto a experimentar en la vida. A través de este capitulo nos pasearemos por diferentes factores para poder empoderarnos para decidir asertivamente.

¿Has tenido alguna vez la inquietud de saber que hace a una persona extraordinaria? Una persona extraordinaria es una persona ordinaria que toma decisiones extraordinarias. Todas las decisiones de nuestra vida que tomamos son importantes, por mas pequeña que parezca es importante, porque la unión de todas ellas te han llevado a donde estas ahora: dónde vives, cómo vives, con quién vives, a que te dedicas.

Tu vida la has creado en base a todas las decisiones que has tomado a lo largo del tiempo. De la misma manera, tu futuro depende de las decisiones que estés tomando hoy, ahora. La buena noticia es que tu vida depende de ti. La mala es que ya no te sirve de nada echar la culpa de lo que te pasa a tu pareja, tus padres o tu jefe. No vale de nada buscar los culpables o responsables afuera porque todo esta dentro de ti. Sí después del la herramienta del coaching que utilizamos anteriormente no estas satisfecho en donde te encuentras en algún aspecto de tu vida, te invito que empieces a tomar decisiones desde un punto de vista diferente. No hay decisiones equivocadas en el pasado, solo hay que aprender a perder el miedo para tomar decisiones puesto que no hay decisiones equivocadas.

¿Cómo te sentirías si no sabes que rumbo tomar? ¿Donde te vez en cinco años? Por esta razón te pregunto: ¿Qué quieres en tu vida?, ¿Qué es con lo que verdaderamente estás comprometido?

Si sabes tu respuesta y estas consciente de lo que quieres, es más fácil elegir acciones que te lleven a ello. Toma en consideración que lo que proyectas afuera es porque esta adentro de ti: tus pensamientos y creencias (aunque sean inconscientes, de hecho la mayoría de ellos lo son) están generando la realidad que vives. Reflexiona sobre esto y te darás cuenta que todo es tu responsabilidad. Trata de hacer lo siguiente: Todos los días cuando te levantes piensa que te hace feliz, piensa en cosas pequeñas para que vayas entrenando tu mente, y las puedas obtener rápidamente, te lo mereces ¿Verdad? En la medida que generes confianza en tu merecimiento iras pensando en cosas mas grandes. Recuerda a dónde quieres ir y para qué quieres llegar. Por último siéntete como si ya lo hubieras logrado. Repite este proceso cada día. ¡Lo que crees, lo creas!

La asertividad de nuestras decisiones nos dirá si tendremos que estas con la frustración, o vivir una vida extraordinaria. Las preguntas correctas te ayudarán a que seas consciente de tus decisiones y sus aprendizajes, encontrando la vía directa a lo que realmente necesitas para sentirte bien.

¿Me llevará esta decisión a un futuro mejor (gratificante) o me dejará atado al pasado? ¿Es esto un acto de fe o un acto de miedo? Recuerda que sólo existen dos maneras de tomar decisiones: desde el amor o desde el miedo. Cuando avanzas hacia tus sueños mas deseados, tu entusiasmo te despierta cada mañana, te da alegría, te da la energía y optimismo que necesitas para continuar adelante. Mientras que las decisiones que tomas por miedo, te limitan al pasado. Otra forma de quedarte en el pasado es la comodidad en la que te desenvuelves. ¿Crees que así te mantienes seguro? Haz una lista de las decisiones que tomas y que te alejan de tu meta. De esta manera tomarás cuenta de todo lo que te auto engañas a diario.

¿Esta decisión me aportará una satisfacción a corto o a largo plazo? Cuando tomas decisiones que están en conflicto directo con tus sueños, te arrebatas el futuro que deseas. Los beneficios inmediatos que tienes con tus decisiones pueden mantenerte en un circulo vicioso ya que no puedes avanzar por ese simple enfoque. Como también es probables que tengas insatisfacciones inconscientes, estas son muy importantes de atender de forma consiente para que dejes de actuar impulsivamente e inconscientemente de forma impulsiva. Enfócate en lo que quieres y no permitas distracciones que te alejen de tus sueños.

¿Tengo el control de la situación o intento complacer a otro? Desiste de la necesidad de complacer a otras personas (esposo, hijos, padres, amigos, etc) por el compromiso de respetarte y valorarte. Toma la decisión de preguntarte cada vez que lo quieras hacer ¿En que me beneficia lo que estoy haciendo? ¿Tengo que dejas de hacer mis cosas por hacer lo de la otra persona? ¿Cual es mi prioridad? Verás que de ahora en adelante podrás decir que NO con mas facilidad cuando te pidan resolver los problemas de los demás. Tampoco se trata de decir "NO" a todo y a todos. Ten en cuenta que cada vez que intentas complacer a los demás, te olvidas de quién eres y entregas a otros las riendas de tu vida. Lo importante es identificar cuando te nace decir que Si o lo dices por compromiso o lástima por la otra persona y decir que no cuando quieras decir que no. Es fácil, ¿verdad?

¿Voy en busca de lo bueno o voy en busca de lo malo? ¿Qué es bueno y qué es malo?. Como lo vimos anteriormente lo que está claro en la vida es que hay momentos muy dulces y momentos muy amargos pero lo que realmente importa eres tú: ¿Hacia donde miras? ¿Puedes ver lo "bueno" de las experiencias que tienes? ¿Y de las personas? Muchas personas están entrenadas en descubrir los "peros" de cada situación, sin embargo, las personas que eligen ver lo positivo pueden transformar la realidad. El verdadero sendero que caminamos a lo largo de la vida no consiste en ver nuevos paisajes, sino en abrir una nueva percepción del horizonte. Enfocarte en lo "bueno" abre nuestro corazón, nos permite vivir en un estado de gratitud por todo lo que tenemos y nos acerca mas a Dios. Agradezcamos por absolutamente todo lo que tenemos en nuestras vidas, ya que cada una de esas cosas son bendiciones que nos transforman.

Una de las formas mas rápida de saber si algo esta correcto o no es preguntarte: ¿Esta decisión me hará sentir bien o mal? ¿Esta decisión me da poder o me lo quita? Es muy importante saber como nos sentimos cuando vamos a tomar una decisión ya que muchas veces nuestras emociones se dejan guiar por nuestra intuición. Confiando en esta emoción puedo saber a donde dirigirme. Por ejemplo si nos invitan a un lugar y sentimos algún malestar o sabemos que alguien que va a estar allí no nos agrada, podemos tomar la decisión de no ir. Sin embargo si eliges ir te puedes sentir incomodo o no, solo depende de tu actitud. Algunas decisiones que me quitan energía: llegar tarde, gritar a mi hijo, comer azúcar, culpar a otros de lo que me sucede, albergar rencor, criticar, vivir con miedo, poner mis emociones en manos de otros, entre otras. Algunas que me dan energía: cantar, hacer el amor, dedicarme tiempo, alimentarme bien, recrearme en la naturaleza, decir no, leer, responsabilizarme, entre otras. Tu fuerza vital es la guardiana de tu mente, cuerpo y alma, ella la podemos mantener alta a través del Reiki donde abrimos nuestros canales energéticos para recibirla del Universo.

Cuando tu fuerza vital es fuerte, de ti emana el brillo y la belleza de tu verdadera naturaleza. Haz tu propia lista de las elecciones que te proporcionan y te restan fuerza vital. Concientizar lo que estas haciendo cuando tomas una decisión, ¿Me sirve para crecer o me mantiene estancado? ¿Me estoy saboteando algún sueño? ¿Como afecta mi autoestima?.

Puede que no podamos evitar que nos ocurran situaciones que no queremos, mas sin embargo podemos transformar nuestras heridas emocionales en sabiduría. Utiliza las experiencias como un catalizador que te aporte un mayor entendimiento. Si estás sufriendo es porque estás emitiendo juicios de ti mismo, basados en alguna situación del pasado o del presente para castigarte. La mayoría de las personas no necesitamos a nadie que nos castigue, porque nosotros mismos somos bastante auto críticos: cuando no nos complacemos con lo que queremos, cuando dejamos de lado nuestras necesidades, cuando no somos nosotros mismos o no reconocemos nuestros triunfos nos estamos saboteando.

Recuerda que tu también tienes ese potencial extraordinario. Ojala que con estas preguntas correctas y realizando las acciones pertinentes, tomes decisiones extraordinarias que te permitan ser la persona que quieres llegar a ser.

Tú eres el la única persona capaz de cambiar el rumbo de tu vida.

Después de haberte dado cuenta de donde estas y hacia donde quieres ir en tu vida, te apoyaremos con otra herramienta poderosa del Coaching para que puedas hacer tus sueños realidad. Esta técnica se llama Proyecto de Realización Personal (PRP), para esto necesitamos que definas tus sueños, hágase unas preguntas para que pueda aferrarse a este.

¿Qué le gustaría que pasara hoy que no este pasando?
¿Cómo imagina que debe ser su vida?
¿Cómo cambiaría su realidad actual?

¿Que seria lo primero que descartaría de su vida?
¿Qué esta tolerando que no le hace feliz?
¿Qué le gustaría hacer para tener paz?
¿Qué cosa se auto aconsejaría?
¿Cómo se sentiría útil?
¿A que le tiene miedo?

Una vez que haya respondido sinceramente estas preguntas, tómese su tiempo para definir cual es ese sueño mágico que lo hace ilusionarse, o mejor dicho, le produce mariposas en el estomago, ese sentimiento es el que le va a dar fuerza a su deseo. Escribalo.

Visualice su sueño. Tómese unos minutos del día, en la mañana y en la tarde para imaginarse como quiere este sueño, analice todos los detalles que quiere inmersos en el, mírese dentro de lo que quiere y sea el protagonista de lo que tanto anhela como si estuviera viéndose en un televisor gigante. Abra la pantalla de su mente y maximice lo que desea. Posiblemente en cada aspecto de nuestra vida tendremos algo que hacer o que desear que aun no hemos logrado, te invito que hagas una lista pequeña de cosas que quieres y en la medida que las vayas obteniendo puedas ir adicionándole mas cosas. Una vez que tengamos en nuestra mente todos estos sueños, es hora de hacerlos realidad, una de las formas mas rápidas y efectivas es hacerlo a través de Coaching con el PRP que comentanos anteriormente y lo podemos potenciar mas con los símbolos de reiki. (Ver capitulo de Reiki).

Comenzemos...

Busquemos una cartulina, tan grande como tus sueños, del color que mas te llame la atención. Todos esos sueños que has tenido y que queremos hacer realidad los plasmaremos allí. Busca en revistas, periódicos, folletos, imágenes de Internet y donde tu creatividad quiera, todo lo relacionado a figuras con que puedas asociar lo que deseas.

Ubica un espacio en la cartulina para cada uno de tus sueños en función de tus prioridades, recorta y pega las imágenes sin ningún orden específico pero que te sientas poderoso y feliz con lo que vas a lograr.

Tenemos que ser congruentes con las cosas que queremos, les explico: manteniendo la convicción de que ya tenemos lo que deseamos, vamos a pensarlo, hablarlo y sentirlo de la misma manera para que tengamos congruencia con lo que queremos. Nuestra intensión manifiesta mas rápidamente cuando estamos alineados con lo que realmente se quiere.

Les coloco un ejemplo: Una persona quiere un carro y lo coloca en su PRP, coloca un vehículo ultimo modelo y se siente como si lo estuviera usando, mas sin embargo su parte subconsciente se pregunta y como lo voy a lograr, no gano lo suficiente, los gastos que esto genera, etc, etc, etc, son muchos los contras que le pone la cabeza. Que creen ustedes que va a pasar, simplemente el carro se tardará en llegar, el tiempo necesario para que la persona se enfoque mejor para lograrlo. Otro tipo de persona podría de enfocarse en lo positivo e ir haciendo lo necesario para obtener ese vehículo. Preguntar en el banco los requisitos del crédito, buscar unos nuevos ingresos, ir al concesionario para montarse en uno y escoger el color, en cada día que pasa se afianza mas el sueño hasta que se hace realidad.

Otra herramienta del coaching que podemos aplicar al PRP es el método GROW, donde definiremos:

- ✓ Meta específica.
- ✓ Con quien la vas a realizar.
- ✓ Como lo quiero.
- ✓ Cuando o en que periodo de tiempo la materializaras.
- ✓ Costos de inversión para lograrla.

Eliges la Paz o el Drama

Todos deseamos la paz sin embargo hay momentos donde nos gusta el drama, muchas veces de forma inconsciente el conflicto se hace presente. Una situación o un pensamiento puede traer una reacción favorable o desfavorables desde nuestro punto de vista, hay personas que les gusta invadir nuestro espacio, no reconocer lo que se hizo o se hace, simplemente cuestionar nuestra forma de ser o alguna discusión por dinero. Todas las formas de discusión o pelea forman parte del drama para llamar la atención y tratar de poner nuestra opinión sobre la otra persona, aquí se apodera nuestro ego diciéndote que eres más fuerte y debes imponerte. Muchas veces cuando sucede esto no tomamos en cuenta lo que la otra persona trato de hacer o no tomamos en consideración los porque tomo tal o cual decisión. Desde un punto de vista altruista tenemos la elección de engancharnos a pelear o simplemente darle la razón a la otra persona y ser feliz, sabiendo y estando en paz de que hiciste lo mejor posible para solucionar o hacer las cosas.

Por esto te dejo estas palabras para reflexionar:
Las personas son a menudo irrazonables, inconsecuentes y egoístas.
Ámalas *de todos modos.*
Si haces el bien, te acusarán de tener oscuros motivos egoístas interiores.
Haz el bien *de todos modos.*
Si tienes éxito y te ganas amigos falsos y enemigos verdaderos.
Lucha *de todos modos.*
El bien que hagas hoy será olvidado mañana.
Haz el bien *de todos modos.*
La sinceridad y la franqueza te hacen vulnerable y habrá quienes te engañen.
Sé sincero y franco *de todos modos.*
Lo que has tardado años en construir puede ser destruido en una noche.
Construye *de todos modos.*
Si has encontrado serenidad y felicidad, vas a despertar celos y envidias.
Sé feliz *de todos modos.*
Alguien que necesita ayuda de verdad puede atacarte si lo ayudas.
Ayúdale *de todos modos.*
Da al mundo lo mejor que tienes y te golpearán a pesar de ello.
Da al mundo lo mejor que tienes *de todos modos.*
Porque en el análisis final, te darás cuenta de que el asunto es solo entre tú y Dios.
Jamás fue un asunto entre tú y ellos.

Madre Teresa de Calcuta

CAPITULO III

El merecimiento esta condicionado por la valoración.

Una de las preguntas que se realizaron en la encuesta para la realización de este libro fue **¿El merecimiento esta condicionado por la valoración?** Donde se puedo evidenciar de 62 personas que respondieron la encuesta, 16 respondieron a esta pregunta "NO". Este resultado refleja un 26% y 46  personas respondieron a esta pregunta "SI" reflejando un resultado de un 74% por lo cual un alto porcentaje de la población esta consciente de ello. A través de este capitulo veremos como esta íntimamente relacionado los valores, la autoestima y el merecimiento, empecemos a explorar estas latitudes.

Los Valores

Los valores son principios que nos proporcionan la guía necesaria para desenvolvernos como personas. Son creencias que nos dictan nuestra forma de actuar ante ciertas circunstancias de la vida donde nos toca decidir entre lo bueno y lo malo, como debemos comportarnos o simplemente con los parámetros que tenemos para elegir o apreciar una cosa en especifico. También son fuente de satisfacción y plenitud.

Cada persona tiene valores diferentes, los cuales son impulsores para realizar nuestras metas y objetivos ante la vida, pueden ser personales o colectivos, donde se plasman nuestros mas sinceros sentimientos, intereses por las cosas materiales, trayendo satisfacción y plenitud cuando las hemos realizado. Los valores valen por sí mismos. Son importantes por lo que son, lo que significan, y lo que representan, y no por lo que se opine de ellos.

Nos proporcionan una pauta para formular metas y propósitos, personales o colectivos. Reflejan nuestros intereses, sentimientos y convicciones más importantes.

Los valores se refieren a necesidades humanas y representan ideales, sueños y aspiraciones, con una importancia independiente de las circunstancias. Por ejemplo, aunque seamos injustos la justicia sigue teniendo valor. Lo mismo ocurre con el bienestar o la felicidad.

Algunos de los valores que podemos apreciar en nuestro entorno son: la honestidad, la gratitud, la sinceridad, la generosidad, la responsabilidad, la familia, la puntualidad, el autodominio, el aprendizaje, la compasión, el servicio, la voluntad, la paciencia, el amor, la sensibilidad, la bondad, la comprensión, la lealtad, la sencillez, el perdón, la empatía, el respeto, la alegría, entre otras.

Valores, actitudes y conductas están estrechamente relacionados. Cuando hablamos de actitud nos referimos a la disposición de actuar en cualquier momento, de acuerdo con nuestras creencias, sentimientos y valores.

El resultado de nuestros valores son nuestras acciones, la forma de pensar, de expresarnos y mas aun de comportarnos. Si una persona incorpora dentro de sí los mejores valores y sentimientos, seguramente esta persona tendrá una gran sabiduría interior y podrá ser muy valiosa. Aportando lo mejor que pueda saber, con lo mejor que pueda hacer. Una persona valiosa la reconoces por porque es congruente con lo que piensa, siente y dice porque cree firmemente en sus convicciones, su manera de vivir la vida no depende de mas nadie sino de el mismo. Él es el dueño de todas sus acciones y decisiones. Valorándote podremos iniciar un proceso de crecimiento. Pero los valores también son la base para vivir en comunidad y relacionarnos con las demás personas. Permiten regular nuestra conducta para el bienestar colectivo y una convivencia armoniosa.

Por ejemplo, en un autobús algunas personas se levantan para darle el puesto a una mujer embarazada y otras no. Los que se levantaron, tienen consigo el valor de la cortesía y el de la consideración con otras personas, conocidas o no. Las personas que no ceden el puesto es porque todavía no tienen esos valores, donde puedes encontrar niños, o personas cansadas que vienen de trabajar y valoran mas su descanso. O también puede ser que una persona anciana ceda su puesto a una embarazada. Todo queda en la individualidad del ser. Así, los valores nos sirven de base y razón fundamental para lo que hacemos o dejamos de hacer, y son una causa para sentirnos bien con nuestras propias decisiones. Cuando nuestras acciones están basadas en nuestros valores no nos importa el que dirán o si nos van a premiar por hacer algo. Por ejemplo, Cuando practicamos la honestidad como principio, no nos apropiamos de cosas ajenas porque creemos en el respeto por la propiedad de otros y no porque nos estén vigilando.

Hace algunos años, el pensador Josef Seinfert, rector de la Academia Internacional de Filosofía de Liechtenstein, enunció seis valores indispensables para el mejor desenvolvimiento de la vida:

- ✓ **El respeto:** aceptar a cada persona, animal o cosa tal cual es con sus defectos y virtudes.
- ✓ **La gratitud:** es la forma de agradecimiento por las cosas o situaciones que recibimos o pasamos.
- ✓ **La paciencia:** Es una condición de espera para reconocer la existencia de límites para aprender y transformarnos.
- ✓ **La humildad.** Es reconocer la sencillez de la esencia que habita en cada uno de nosotros.
- ✓ **El perdón y el arrepentimiento.** A través de ellos aceptamos nuestra capacidad de retractarnos por alguna cosa fuera de lugar que hayamos hecho.
- ✓ **El amor y la esperanza.** Son los valores de donde emanan los más profundos sentimientos de la vida. El amor es la máxima aceptación hacia el otro y la esperanza es la base de nuestro estar en la vida.

A través de los valores resaltamos nuestra autoestima cuando estamos empoderados para dar a conocer nuestras cualidades.

Una de las herramientas que podemos utilizar del Coaching es la valoración de nosotros mismos, con esto queremos traer a nuestra conciencia nuestra conducta corporal y nuestras capacidades con el fin de reconocerlas. Para esto hagamos los siguientes pasos:

✓ Parece frente a un espejo donde se vea completamente, cierre los ojos y tome tres respiraciones profundas. Conéctese con lo mas profundo de su ser y pregúntese con los ojos abiertos:

✓ ¿Cómo me siento con lo que veo? ¿Cómo es la percepción de mi mismo? ¿ Estoy a gusto

✓ conmigo mismo?

✓ Tómese el tiempo que requiera para internalizar las respuestas, ya que ellas tienen que salir de su corazón y lo mas profundo de su ser.

✓ Transforme cualquier pensamiento negativo y busque lo positivo.

✓ Piense en lo bello que usted posee, en las bondades, cualidades y aptitudes que tiene.

✓ Recuerde que con ellas usted ha tenido muchos momentos felices y ha logrado objetivos con éxito.

✓ Siéntase feliz y orgulloso de usted mismo y dígase yo puedo, yo soy capaz y repítalo cada vez que se sienta sin ánimos.

La Autoestima

Es la valoración que tenemos de nosotros mismos en base a nuestras cualidades, capacidades, formas de sentir y de pensar, en pocas palabras es nuestra imagen personal. Para la auto imagen también se toman en consideración atributos, experiencias y decisiones que hemos incorporado a lo largo de la vida.

La auto valoración es muy importante, para tener la decisión firme de desarrollar nuestro potencial y lograr todos los objetivos que te coloques en la vida. Con esta valoración propia aceptas que eres el protagonista y el responsable principal de tu vida. Aceptas todo lo concerniente al rumbo que quieres tomar. Un indicativo que una persona tiene una autoestima alta es cuando son capaces de enfrentarse, resolver los retos y las responsabilidades que la vida plantea. Por consiguiente los que tienen una autoestima baja suelen auto limitarse y fracasar.

Todas las personas son diferentes, por ende no se pueden generalizar ya que son complejas y muy difíciles de definir en pocas palabras. Muchas personas actúan dependiendo del medio donde se desenvuelven. Podemos mencionar:

Podemos ser muy extrovertidos con los amigos y ser callados o serios en casa.

Ser un mal jugador de baseball no indica que seamos un malos en todos los deportes.

Que no aprobemos un examen no quiere decir que no sirvamos para los estudios.

¿Cómo se forma el Autoestima?

A través del tiempo vamos formando la idea de lo que somos y como nos vemos, cada etapa de nuestra vida representa una formación propia según las vivencias y experiencias propias que aportan sentimientos que se traducen en sensación de valía e incapacidad. En la infancia reconocemos a que sexo pertenecemos, reconocemos las partes de nuestro cuerpo. También descubrimos que somos seres distintos de los demás y que hay personas que nos aceptan y personas que nos rechazan. A partir de esas experiencias tempranas de aceptación y rechazo de los demás es cuando comenzamos a generar una idea sobre lo que valemos y por las cosas que nos dicen nuestros padres. El niño gordito desde pequeño puede ser de mayor un adulto feliz o un adulto infeliz, la dicha final tiene mucho que ver con la actitud que demostraron los demás hacia su exceso de peso desde la infancia.

En el periodo de la adolescencia, es la fase mas crucial del desarrollo de la autoestima, ya que el joven necesita una identidad firme y conocer todas sus posibilidades como individuo; en esta medida las personas o en este caso el joven en la mediad de confié en sí mismo podrá avanzar con pasos seguros ante la vida.

Si una persona a logrado forjar una buena autoestima tendrá la capacidad de confiar en sus recursos propios para superar cualquier crisis y alcanzar la madurez. Si se siente por el contrario desvalido o menospreciado, corre el riesgo de buscar seguridad de manera fácil y gratificante pero a la vez pueden ser destructivos.

La baja autoestima está relacionada con una inadecuada forma de pensar. Las personas que no se valoran lo suficiente, tienen una visión muy distorsionada de lo que son realmente; al mismo tiempo, mantienen unas exigencias altamente perfeccionistas sobre lo que deberían ser o lograr. La persona con baja autoestima mantiene un diálogo consigo misma que incluye pensamientos como:

Sobre generalización: A partir de un suceso aislado se crea una regla general, para cualquier situación o acontecimiento. He tomado una decisión nefasta (en algo concreto); No se tomar decisiones (se interioriza como que no tiene la capacidad correcta para decidir en todo).

Designación global: Se utilizan términos denigrantes para describirse a sí mismo, en vez de puntualizar la acción en el momento especifico: !Que torpe soy!.o Yo si soy tonta.

Pensamiento polarizado: Son pensamiento que van de extremo a extremo. Como por ejemplo: todo o nada. Es blanco o negro. Estás conmigo o contra mí. Lo hago bien o mal. O es perfecto o no vale. No se aceptan valoraciones intermedias.

Auto acusación: La persona se siente responsable por todo lo negativo que ocurre a su alrededor. Tengo yo la culpa, !Tenía que saberlo!.

Personalización: Suponemos que todo tiene que ver con nosotros y nos comparamos negativamente con todos los demás. !Tiene mala cara, qué le habré hecho!.

Lectura del pensamiento: supones que no le interesas a los demás, que no les gustas, crees que piensan mal de ti...sin evidencia real de ello. Son suposiciones que se fundamentan en cosas peregrinas y no comprobables.

Falacias de control: Sientes que tienes una responsabilidad total con todo y con todos, o bien sientes que no tienes control sobre nada, que se es una víctima desamparada.

Razonamiento emocional: Si lo siento así es verdad. Nos sentimos solos, sin amigos y creemos que este sentimiento refleja la realidad sin parar a contrastarlo con otros momentos y experiencias. "Si es que soy un inútil de verdad"; porque "siente" que es así realmente

Formas de mejorar la Autoestima

✓ **Convierte lo negativo en positivo:** cuando te llegue un pensamiento negativo buscale su contraparte en positivo. Por ejemplo: No hables / Tengo cosas importantes que decir, no puedo hacer nada/ tengo éxito cuando me lo propongo, no soy suficiente bueno/ yo soy bueno y capaz.

✓ **Abstenerse de las generalizaciones:** podemos habernos equivocado en algún momento o nos comportaos de cierta forma ante una situación especifica, sin embargo no quiere decir que siempre sea así.

✓ **Enfocarnos en lo positivo:** todos tenemos cualidades y bondades, enfócate en ellas para que lo valioso que eres.

✓ **Hacernos consciente de los logros y éxitos:** reconoce y festeja los logros que has tenido por muy pequeños que sean.

✓ **Abstente de compararte:** por lo que eres una persona única, nadie puede parecerse a otra.

✓ **Confiar en si mimo:** nuestras capacidades y aptitudes son nuestro mayor guía para hacer las cosas de la mejor manera posible.

✓ **Aceptarse tal cual somos:** debemos de aceptarnos con nuestras virtudes y defectos ya que somos un conjunto donde las integramos y eso es lo que nos da nuestro valor.

✓ **Esforzarnos para mejorar:** si estamos conscientes de que hay algo en nuestra interior que no nos gusta, lo podemos cambiar, solo hay que tomar conciencia de ello y hacer lo posible para lograrlo.

Una persona que tiene unos altos valores y una buena autoestima, en todo momento se esta impulsando a hacer nuevas cosas, nuevos proyectos y metas para su crecimiento individual y colectivo. A través del Coaching nos podemos plantear estos nuevos caminos u objetivos. Con el método de PCM^3, podemos guiar los pasos para seleccionar de la mejor manera lo que queremos hacer.

Para alcanzar cualquier objetivo la persona tiene que tener tres elementos fundamentales que son:

La Posibilidad: este es el primer elemento que influye para que una persona comience su decisión. Tener la certeza de que es posible lograr lo que quiere y cuenta con las herramientas propias para lograrlo. Es fundamental dejar de lado nuestros miedos para poder atrevernos a obtener el éxito. Toda persona tiene sus limites que en algún momento saldrán a flote. Pero es responsabilidad de cada persona asumir que todo es posible y cambiante. Muchas veces la mente nos hace jugadas pensando que es imposible y lo que realmente ocurre es que no sabemos por donde empezar.

La Capacidad: después de haber pasado el primer obstáculo que es la posibilidad, la persona duda de su capacidad para hacer o que quiere. No sabemos por cuantas situaciones ha pasado que lo limite pero es momento de hacer la diferencia. Un Coach apoya a las personas para que sean capaces de ver lo que los esta limitando y los empuje a vencer sus limites. El único modo de lograr tus metas es alcanzándolas. Nunca podrás demostrar que no puedes, solo podrás decir que todavía no lo has logrado.

Aquí podemos colocar muchos ejemplos de cosas que han hecho personas para romper sus propios limites, como por ejemplo, la luz eléctrica que fue descubierta por Benjamín Franklin, después de cientos de intentos por demostrala y fue hasta 1752 que lo logró; la construcción del aeroplano, por los hermanos Wright duró cinco años para que se pudiera mantener en vuelo hasta que en 1903 lo lograron.

De esta forma cuando una persona le dice a un Coach que no sirve o que no tiene el potencial necesario para lograrlo este le solicitará que cambie su lenguaje, lo que traerá un cambio en la forma de pensar para luego dar paso a nuevas creencias.

Las excusas están a la vuelta de la esquina, este es otro patrón que se encontrará en las personas. Cada vez que una persona piensa en el fracaso es como si hiciera un anuncio a futuro de lo que ocurrirá. Es por ello la necesidad de enfocarnos en lo positivo.

El Merecimiento

Este es un elemento muy importante en el desarrollo de alcanzar las metas y objetivos. Muchas personas a lo largo de la vida van adoptando diferentes tipos de creencias, bien sea porque sus padres se lo dijeron en la infancia o porque lo escucharon repetidas veces en la sociedad. Es allí cuando las personas tienen que darse cuenta donde están para lograr eso o aquello. Algunos dicen que para merecer algo hay que trabajar duro, otros piensan que Dios proveerá y el mas audaz dirá mis recursos llegan siempre fácil y divertido.

De cada persona depende una y exclusivamente su forma de pensar. Es por eso si en algún momento piensas que no mereces algo, preguntate: ¿Qué debería de pasar para que merecieras lo que deseas? ¿Alguien lo merece más que tú? ¿Qué te impide merecerlo?

En resumen podemos decir: PCM³
Posibilidad : lograr la meta es posible
Capacidad: Yo soy capaz de lograrlo
Merecimiento: me valoro y lo merezco.
3: afianzarlo mínimo 3 veces al día para generarlo

Louise Hay nos proporciona esta bella afirmación del merecimiento:

Yo me merezco todo lo bueno, no algo ni un poquito, sino todo lo bueno. Yo ahora disuelvo cualquier pensamiento negativo o restrictivo. Me libero y disuelvo todas las limitaciones del pasado. No me ata ningún miedo ni limitación de la sociedad en la que vivo. Ya no me identifico con ningún tipo de limitación.
En mi mente tengo libertad absoluta.
Ahora entro a un nuevo espacio en la conciencia, en donde me veo de forma diferente. Estoy creando nuevos pensamientos acerca de mi ser y de mi vida. Mi nueva forma de pensar se convierte en nuevas experiencias.
Ahora sé y afirmo que formo una unidad con el Próspero Poder del

Universo, por lo tanto recibo multitud de bienes. La totalidad de las posibilidades está ante mi.

Yo merezco la vida, una vida buena.

Yo merezco el amor, abundante amor.

Yo merezco la salud.

Yo merezco vivir cómodamente y prosperar.

Yo merezco la alegría y la felicidad.

Yo merezco la libertad, la libertad de ser todo lo que puedo ser.

Yo merezco todo lo bueno.

El Universo está más que dispuesto a manifestar mis nuevas creencias y yo acepto la abundancia de esta vida con alegría, placer y gratitud.

Porque me lo merezco, lo acepto y sé que es verdad.

Así es, gracias amado Universo.

CAPITULO IV

Las Creencias

Robert Dilts, en su libro Como cambiar creencias con la PNL, dice "Una creencia es una generalización sobre cierta relación existente entre experiencias". La conformación de una creencia nace desde el interior de una persona (se desarrolla a partir de las propias convicciones y los valores morales), aunque también es influenciada por factores externos y el entorno social (la presión familiar, los grupos dominantes, etc.). En pocas palabras podemos decir que las creencias son las reglas que uno se auto impone en función de la visión o percepción de las cosas.

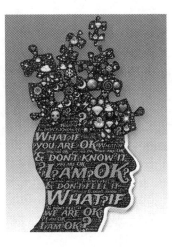

Es importante además tener en cuenta que, por regla general, las creencias pueden ser limitantes o potenciadoras. Las primeras se identifican por ser aquellas que lo que consiguen es que se nos incapacite para poder pensar o actuar de determinada manera ante una situación concreta. Las segundas, logran mejorar nuestra autoestima y nuestra confianza ya que básicamente de lo que se encargan es de ayudar a incrementar nuestras capacidades. De esta manera, nos otorgan seguridad e iniciativa para poder llevar a cabo determinadas actuaciones ante hechos concretos que surjan.

Construimos creencias basándonos en nuestra experiencia, y luego actuamos como si fueran ciertas. Muchas veces nos enfocamos tanto en alguna situación que cuando tenemos los resultados ya sabíamos cual serian, bien sean buenos o malos.

Cada uno de nosotros puede decidir en que creer ya que las mismas dependen única y exclusivamente de ti. Si los resultados que estas teniendo con las creencias que tienes actualmente son buenos, podrás mantenerlas hasta que desees, si por el contrario te sientes abrumado y vez que lo que estas pensando no te permite avanzar, entonces es el momento para decidir pensar de otra forma cambiando tus creencias. El Coaching y el Reiki te pueden facilitar el camino si los decides explorar.

A lo largo del tiempo hemos afianzado estas creencias en nuestro subconsciente y muchas veces actuamos de forma automática y no nos damos cuenta lo que hacemos, una forma muy sencilla de ver como son las creencias de un persona, es observarla detenidamente ya que sus acciones y comportamiento van a estar dirigidas por estas creencias. Muchas veces la vida tiene sentido cuando a través de las creencias confirmamos lo que pensamos, dándonos una sensación de seguridad y certidumbre.

En el coaching de bucle simple el cliente no cambia ninguna de sus creencias.
El coaching de bucle doble, obliga a cliente a cuestionar y cambiar sus creencias.

Creencias Potenciadoras

Todas las creencias potenciadoras son las que te empoderan, dándote valor y viendo las capacidades que tienes para lograr tus sueños. Ciertamente esto va a depender mucho del grado de autoestima de la persona haya logrado incorporar desde su niñez. El coaching actúa a partir de creencias potenciadoras:

✓ Si quieres comprender actúa:
   Todos los cambios en tu vida son
   únicamente responsables de las acciones que estés tomando en el momento preciso, para ello debes asumir la responsabilidad de tus decisiones donde se producirá una retro alimentación de lo ocurrido con un aprendizaje. Esto puede variar si el resultado estaba en tus expectativas o no.

✓ No hay fracaso, solo aprendizaje: El fracaso no existe, solo es una percepción de las cosas, una persona optimista siempre busca la forma o la manera de lograr las cosas que quiere. Si no se obtiene en el tiempo o los medios deseados se puede accesar desde otro punto de vista para llegar al fin. No puedes decir que has fracasado a menos que abandones o desistas de esa meta, y esa es tu elección. Cada elección tiene un aprendizaje y un bien oculto que debemos de buscar en cada situación.

✓ Tenemos todos los recursos que necesitamos o podemos crearlos: En lo mas profundo de nuestro ser tenemos todas las respuestas a nuestros problemas. Todas las personas tenemos la capacidad de explotar nuestro potencial para hacerle frente a las diferentes situaciones de nuestra vida, afianzando la confianza y la valoración en si mismo.

✓ Todo comportamiento tiene un propósito: La mas sencilla de nuestras acciones siempre va a estar condicionada por algo que queremos lograr. Consciente o inconscientemente nuestra acciones no son aleatorias. Tienen una meta o fin especifico.

✓ Tener alguna opción siempre es mejor que no tener ninguna: si cambiamos el enfoque de las cosas y vemos nuestros objetivos desde una perspectiva externa, podremos ver otros puntos donde no habíamos puesto énfasis para lograr nuestras metas. Es por ello que surgen nuevas opciones si elevamos nuestra visión de los acontecimientos.

✓ Lo que estas haciendo es lo mejor posible y aun puedes hacerlo mejor: siempre tenemos una forma diferente de hacer las cosas. Ponle mayor empeño y optimismo. Veras mejores resultados.

✓ Creamos nuestra propia realidad: Actuamos como si nuestros mapas mentales fuesen reales

✓ Las relaciones son mas que las sumas de las partes.

✓ El cliente tiene todas las respuesta, el Coach las preguntas

Creencias Limitantes

Este tipo de creencias generan pensamientos, sentimientos y acciones negativas en el proceder para obtener algo o llevar a cabo alguna meta propuesta. Estas acciones corresponden a las auto limitaciones que nos imponemos para desarrollarnos y crecer. Muchas de estas limitaciones condicionan nuestra forma de pensar lo que trae como consecuencia la inseguridad para emprender acciones.

Estas limitaciones solo ocurren en nuestra mente, y debido a que le damos gran poder a nuestra mente, llega un punto donde nos desconectamos de nuestro ser, es allí cuando nos confundimos pensamos que somos una cosa cuando la verdad es otra. En otras palabras debido a las limitaciones auto impuestas en nuestra cabeza vamos caminando en la vida con ciertas conductas que pueden ser destructivas o restrictivas. Y esa no es nuestra verdad, ya que estamos actuando según esta creencia pero si la modificamos seguramente haremos las cosas de otra forma.

Para alcanzar el objetivo dentro del Coaching, el cliente necesita creer que alcanzar el objetivo es **POSIBLE**, que el es **CAPAZ** de lograrlo y que se **MERECE** alcanzarlo. Esto es la clave en el proceso de identificación de cambios y transformaciones de las creencias.

Veamos también algunos ejemplos típicos de creencias limitadoras:

✓ *Esto es imposible.*
✓ *Sin sufrimiento no hay beneficio.*
✓ *No puedo confiar en nadie.*
✓ *No puedo lograr lo que quiero.*
✓ *La mayoría de la gente tiene más suerte que yo.*
✓ *Tengo que ganar mucho dinero para ser feliz.*
✓ *Nunca consigo lo que me propongo.*
✓ *No soy bueno en eso y nunca lo he sido.*

✓ *Tengo que trabajar muy duro para ganarme la vida.*
✓ *No hay forma de superar un mal comienzo en la vida.*

¿Como podemos cambiar estas Creencias?

Una de las formas mas sencillas para cambiar las creencias a través del Coaching es que debemos identificar la creencia limitadora que nos molesta, para eso debe escribirlo con palabras bien precisas. Luego preguntarnos, que nos gustaría creer, en lugar de eso que cree actualmente (debe formularse en positivo), describamos ampliamente la nueva creencia, debe formularse en presente como si estuviera ocurriendo ahora mismo. Ahora, recuerde un momento en el que haya dudado de alguna creencia y desde ese estado de duda, piense en la creencia limitadora actual.

Evoque una ocasión en que haya estado abierta a alguna nueva creencia, y que te opinión piensa de la nueva creencia, ¿la puedes sentir?, ¿Qué tal seria creer eso?, ¿Qué podría hacer que no este haciendo ahora?... Valore ambas creencias, ¿Cual es mas útil esta? La nueva creencia o la anterior.

Y por último podemos tomar la decisión de dejar en el baúl de los recuerdos a la vieja creencia, para no utilizarla nunca mas. El cliente necesita de un Coach para optimizar el proceso de cambio y transformación. Además de explorar nuestras creencias va siendo el momento de meditar un poco en nuestras emociones y sentimientos. Al principio son los estímulos los que llegan a nuestro cuerpo y estos consiguen generar emociones. Éstas, puede que nos gusten o no, o incluso nos dejen indiferentes, pero con el tiempo, van generando un montón de sentimientos en nosotros, como por ejemplo, simpatía, tristeza, temor, ira, o esperanza. Estos sentimientos son habitualmente el equipaje más complicado de gestionar en nuestras vidas.

El Apego...

Es una forma de creencia limitantes que está basada en los miedos internos, para hacer referencia a ellas mencionare un proverbio que dice:

Un pájaro herido no puede volar, pero un pájaro que se apega a una rama de árbol, tampoco.

¡Deja de apegarte al pasado!

Dice el proverbio hindú:

"El agua se purifica fluyendo; el hombre, avanzando."

En nuestras creencias muchas veces, por creencias familiares, nos meten en la cabeza ciertos miedos que no sabemos porque están allí. Nos condicionan al sufrimiento desde un punto de vista sutil. El mundo está lleno de sufrimiento; la raíz del sufrimiento es el apego; si nos quitamos los apegos podremos ser mas felices.

Hay un deseo común, que es el cumplimiento de lo que se cree que va a dar felicidad al yo, al ego. Ese deseo es apego, porque ponemos en él la seguridad, la certeza de la felicidad. Es el miedo el que nos hace desear la felicidad y ella no se deja agarrar. Ella es por si mima (la felicidad) un estado. Esto sólo lo descubrimos observando, bien despiertos, viendo cuándo nos mueven los miedos y cuándo nuestras motivaciones son reales.

Si nos aferramos a los deseos, es señal de que hay apego. ¿Abandonar los apegos significa apartarse del mundo material?

La respuesta es: ¡No!

Uno usa el mundo material, uno goza el mundo material, pero no debe depender su felicidad del mundo material ¿Está esto suficientemente claro?

Uno comienza a gozar las cosas cuando está desapegado, porque el apego produce ansiedad. Si estás ansioso cuanto te aferras a algo, difícilmente podrás disfrutarlo. Por lo tanto, lo que te propongo no es una renuncia al disfrute: es una renuncia a la posesión, a la ansiedad, a la tensión, a la depresión frente a la pérdida de algo. ¿De dónde crees que provienen todos los conflictos? De los apegos. ¿De dónde crees que proviene el sufrimiento? De los apegos. ¿De dónde crees que proviene la soledad? De los apegos. ¿De dónde crees que proviene el vacío? Tú lo sabes: el origen es el mismo. ¿De dónde crees que provienen los temores? También de los apegos. Sin apego no hay temor. ¿Lo pensaste alguna vez?

Sin apego no hay temor.

¿Cada persona vive en su mundo según sus creencias?

En la pregunta anterior, es parte de una encuesta realizada a personas de diferentes edades para saber si conocen como se desenvuelven en la sociedad según sus pensamientos o creencias. De 62 personas que respondieron la encuesta, 17 respondieron a esta pregunta "NO". Este resultado refleja que un 27% y 45 personas respondieron a esta pregunta "SI" reflejando un resultado de un 73% por lo cual un alto porcentaje de la población esta consciente de que en la vida todos tenemos el Libre Albedrío de decidir las cosas que pensamos, sentimos, hablamos y hacemos, con esto quiero decirles que cada uno de ustedes puede crear la realidad que desee, solo hay que buscar la mejor manera para hacerlo.

Conectándote con tu Ser el Coaching te apoya para que vayas conociéndote, explorándote y aceptándote de tal forma que puedas ver lo maravilloso que hay dentro de ti. De la misma forma te vas a encontrar con aquellas cosas que te limitan y te hacen sentir mal, que son las creencias.

Es por eso que vemos que en cada persona existen diferentes patrones de valoración o definición de las cosas. Pongamos un ejemplo, Una persona que le gusta pasear con su perro sin cadena, es una persona que piensa que la libertad es importante para su desarrollo y que los animales también deben ser libres y por ende lo ha educado de tal forma que le haga caso sin necesidad de amarrarlo para pasearlo. Otro tipo de persona que tiene en su mente el miedo y las limitaciones automáticamente querrá restringir las acciones del perro colocándole una cadena. Esta última persona seguramente pensará ¿Y si le muerde a una persona? O ¿Sale corriendo?. Son sus miedos los que hablan por ella y no se da cuenta lo que ocurre.

De quien es la responsabilidad de las acciones? Será del perro? O será por las creencias y pensamientos que tenemos y nos dejamos llevar por estos para actuar.

Dependiendo de donde te enfoques en tu vida iras asumiendo comportamientos de conducta que estarán afianzados por las creencias que se van produciendo día a día. Solamente tú puedes tomar la decisión de enfocarte en lo positivo y en el bien escondido de las cosas.

Para esto también es necesario tomar conciencia de que todas las cosas tiene una causa y efecto, por esta razón, absolutamente todo lo que pensamos lo estamos creando, nuestro entorno esta creado por todo lo que esta dentro de nosotros mismos. Es por ello que incrementando nuestros grados de conciencia podremos explotar lo mejor de nuestro ser.

Una de las mejores maneras de hacerlo es siendo congruentes con nosotros mismos, y como hacemos esto? Es muy sencillo aunque requiere de gran concentración y enfoque a lo largo del tiempo. Tenemos que pensar, sentir, hablar y actuar de la misma manera. Muchas veces no es fácil porque nos hemos acostumbrados a emitir opiniones y juicios hacia afuera lo que ha traído como consecuencia que pensamos una cosa, decimos otra y hacemos una diferente.

Pero cuando tomamos conciencia de que nuestras palabras son creadoras, hablaremos lo mejor, sentiremos lo mejor, pensaremos lo mejor y actuaremos de la mejor forma posible.

CAPITULO V

¿Qué es el Miedo?

$\mathfrak{P}$odemos decir que el miedo es un emoción que invade a las personas, generándoles angustia y sosobra por un riesgo real o imaginario. Esta palabra viene del latin mentus. Puede decirse que el miedo resulta desagradable para quien lo padece. Esta emoción, sin embargo, también funciona como un método de supervivencia ya que pone en alerta a las personas y los animales frente a una amenaza.

De esta manera, un roedor que siente miedo por las águilas y los halcones, huirá apenas sienta la cercanía de su depredador. Algo similar hará una persona que, al escuchar disparos, se pone a resguardo por miedo a resultar herido.

Se puede decir que el miedo es un impulso del organismo que es creado para afianzar la supervivencia, cada persona tiene este mecanismo de defensa activado dentro de sí, el cual se genera con el impulso químico de adrenalina que emite que el cuerpo humano reacciones rápidamente. El miedo prepara instintivamente los reflejos de una persona, poniendo en alerta todos sus sentidos, para reaccionar ante el estimulo externo que lo produzca.

Todos tenemos miedos y traumas porque hemos almacenado situaciones en nuestra mente que no esta enfocada con la verdad, sin embargo ya estamos listos para tomar conciencia de ello y comenzar a limpiarla.

Los Miedos Racionales

El original y único diseño de la naturaleza, ha creado la emoción del miedo como mecanismo de supervivencia. Para mantener nuestra

46

integridad física, el organismo genera una reacción instintiva de defensa o de huida ante cualquier tipo de elemento que represente peligro.

El cerebro réptil en el ser humano, está encargado de las funciones básicas de supervivencia y es allí en donde se origina el instinto, el cuál lanza una serie de mensajes de defensa en el momento en el que determina que una situación representa peligro.

En el subconsciente es donde se origina la acumulación de los traumas, las fobias, los miedos irracionales, aquellos que no sabemos de donde vienen, pero que están presentes.

En la cotidianidad de la vida cuando tenemos situaciones que sobrepasen uno de los umbrales del instinto, inmediatamente genera una reacción, la misma si se repite constantemente puede producir una generación de alerta permanente. Los umbrales del instinto son los 5 sentidos físicos. Esto umbrales no son iguales para todos los seres humanos pues dependen de las estructuras genéticas. Esto quiere decir que una persona ante una visión, un sonido, un contacto, un sabor, o ante un olor específico, generará un reacción, si la situación superó su límite de seguridad.

Por ejemplo, si un sonido pasa de cierta intensidad (límite del umbral), el instinto inmediatamente lo codifica como peligro, y la mente lo asocia inmediatamente con la fuente que generó dicho sonido. Entonces cada vez que la persona se vuelva a enfrentar o incluso simplemente piense en la situación, experimenta la reacción del trauma.

Hay otro tipo de miedos que están en otra parte de la mente y que no son subconscientes porque provienen de la cultura o del conocimiento, es decir creencias aprendidas (ego) que se originan en conceptos rígidos e intransigentes frente al comportamiento de las demás personas. Estas creencias generan conductas no automáticas, racionales pero puramente egoístas.

Los Miedos Irracionales

Muchas veces es una emoción autentica que se basa en percepciones equivocadas, en órdenes falsas que se han acumulado en nuestro cerebro por simples percepciones que muchas veces no concuerdan con la realidad. También se presenta de nuestra propia imaginación cuando creamos situaciones que no han ocurrido y posiblemente no sucedan.

El efecto del miedo

Cualquiera sea el origen del miedo, el efecto es fácilmente identificable. Los miedos limitan nuestra vida, nuestra paz interior, nuestro éxito, nuestro desenvolvimiento en las relaciones interpersonales y hasta nuestra salud, pues son energías que se somatizan y se convierten en enfermedades de tipo mental y físico.

Daniel Goleman, en su libro Inteligencia Emocional, destaca la importancia de la inteligencia emocional, definiéndola como la capacidad de reconocer los sentimientos propios y los sentimientos de los demás, y la habilidad para manejar estos sentimientos. En pocas palabras la inteligencia emocional es entender los sentimientos o emociones y analizar si son propias o pertenecen a otra persona. En la actualidad, a través del coaching se utiliza mucho la inteligencia emocional. Con gran efectividad, permite que la persona se haga consciente y responsable de lo que siente.

El estado de miedo psicológico está divorciado de cualquier peligro real e inmediato. Puede adoptar diversas formas: desazón, preocupación, ansiedad, nervios, tensión, temor, fobia, etc.

Los traumas acumulados en el subconsciente, generan conductas automáticas que provienen de la mente reactiva, las cuales generan reacciones de pánico, pelea o huida. Bajo estas circunstancias, bloqueamos la posibilidad de vivir la vida a plenitud.

El valor del Miedo

Todas las cosas de nuestra vida, incluso aquello que no comprendemos, tiene un gran valor y cumple con un propósito fundamental en el crecimiento de cada individuo. Todas aquellas situaciones que no comprendemos están allí para que aprendamos a comprenderlas. En el colegio resolvemos problemas de física o química para aprender física o química, en la vida enfrentamos dificultades para aprender a fluir con la vida. Evitar los obstáculos o resistirlos no nos facilita el aprendizaje, simplemente lo pospone.

Enfocarnos en el miedo, es vivir una vida limitada y nuestra misión es vivir una vida plena, con todo nuestro potencial desarrollado al máximo y tener una conciencia libre y sin ataduras.

Si aspiramos ir subiendo en nuestra escala evolutiva, nos corresponde voluntariamente activar la parte comprensiva de nuestro cerebro e ir desactivando la parte automática del mismo. Por lo tanto los miedos nos están dando la oportunidad de descubrir, ejercitar y fortalecer lo mejor de nuestro Ser interior.

¿Venciendo tus miedos llegarías al Éxito?

Si, cambiando la percepción de nuestros miedos, podremos superar nuestros propios obstáculos que nos impiden lograr nuestras metas y objetivos en la vida. Trascender los miedos es imprescindible para hacer el cambio hacia nuestro ÉXITO. Todo esta en nuestra mente y si hacemos hincapié en ver que podemos enfocarnos en lo que realmente queramos, viendo el lado positivo y de aprendizaje, podremos crecer como  individuos. Ahora veremos unas simples formas de vencer los miedos ya que sabemos cuáles son con una simple introspección.

Una de las preguntas que se realizaron en la encuesta para la realización de este libro fue **¿Venciendo tus miedos llegarías al éxito?** Donde se puedo evidenciar de 62 personas que respondieron la encuesta, 08 respondieron a esta pregunta "NO". Este resultado refleja un 13% y 54 personas respondieron a esta pregunta "SI" reflejando un resultado de un 87% por lo cual un alto porcentaje de la población esta consciente de ello.

¿Cómo vencer el miedo a través del Coaching?

No justifiques tus miedos

Muchas personas piensan que se lo saben todo y que son perfectas, cuando nos encontramos ese tipo de personas podemos darnos cuenta que a través del tiempo han acumulado un gran número de conocimientos o títulos profesionales, mas sin embargo eso no les ha servido de nada porque viven en una completa desconexión ya, que a través del ego se justifica así mismo, o bien se cree un sabelotodo omnipotente o se convierte en víctima para no cambiar, pero todo tiene un límite. Si no conviertes tus miedos por voluntad propia, las situaciones exteriores en algún momento de tu vida te obligaran al cambio.

Asume que el miedo es tuyo

Cada persona es responsable de todas las cosas que tiene en su vida, ya que todo fue creado por sus pensamientos, buenos y malos. El ser humano usa muchas veces como mecanismo de aislamiento el no tomar la responsabilidad de sus actos y por ende tratamos de colocar el problema afuera. El miedo es de quien lo experimenta y nada ni nadie es responsable de dicha manifestación. Sólo una mente que interpreta erróneamente, genera el efecto correspondiente.

Cambia el foco de atención

En lugar de mirar a la situación que aparentemente causa miedo, como a un monstruo, observa hacia donde te está dirigiendo el miedo y cuál es el efecto de no hacer nada frente a él. Por otro lado observa cómo otros enfrentan exactamente la misma situación con total neutralidad y aprende de ellos.

Dirige voluntariamente tu pensamiento

Si el pensamiento no es voluntario no es comprensivo. ¿Quien serías o qué estarías haciendo diferente si no existiera el miedo que enfrentas? Empieza a imaginar cómo manejarías la situación con la misma neutralidad que otros lo hacen. Sostén y refuerza dicho pensamiento.

Vigilia tu Energía vital

Mantener la energía vital estable es, como su nombre lo indica, vital, en todo proceso de conciencia. Sin ella es imposible ver claro y embarcarse en obtener mejores y mas eficientes resultados en la vida.

Enfrenta al monstruo

El miedo que enfrentas ante la situación que sea, es un espejismo, una creación tuya y solo su creador lo puede transformar en luz. Aunque en el pasado se hubiera presentado algún tipo de situación que representó peligro para tu supervivencia, el pasado quedo atrás. Un futuro liberador se crea a partir de un presente liberador.

Busca apoyo

Hay miedos y especialmente traumas que paralizan. No lo permitas, recuerda que tu misión es limpiar la mente de todo aquello que te limita! Busca apoyo para vencer tus miedos. Existen técnicas que seguidas paso a paso garantizan la liberación y el advenimiento de nuevas correspondencias!

El Cambio

Muchos de los miedos que tenemos en nuestro interior es al cambio, todas esas ideas y situaciones que hemos asumido que son ciertas nos generan nuestra actitud ante los problemas y muchas veces damos por sentado que es así y no se puede cambiar.

Cuando tomamos esta posición ante la vida, no nos damos cuenta que nuestro ego es el que nos está saboteando. Ya que creemos que somos omnipotentes y tenemos la razón en todo. Muchas veces damos consejos y vemos hacia afuera enfocándonos en los problemas de los demás cuando la verdadera verdad está dentro de nosotros. Ya que nada ni nadie es perfecto y todos estamos en un continuo movimiento y cambio.

El cambio es inevitable en nuestras vidas. Estemos conscientes o no, queramos aceptarlo o no, las cosas y la gente cambian. Ante estos cambios, nuestra forma "normal" de reaccionar (a la que estamos acostumbrados) ya no nos es útil, por lo que necesitamos buscar una nueva opción. Cambiar significa modificar nuestra conducta o forma de pensar ante una nueva situación. Aun sin darnos cuenta, lo que vamos viviendo va modificando nuestro carácter. Algunos aspectos se fortalecen, otros se debilitan y surgen nuevas conductas y formas de pensar.

"Yo soy así y así he sido siempre", "es muy difícil cambiar". Son comentarios que escuchamos con mucha frecuencia. Pero si analizas tu forma de actuar en estos momentos y la comparas con la de hace 10 o 20 años, seguramente notarás la diferencia en muchos aspectos.

El cambio nos da miedo, porque:

- ✓ No sabemos cómo manejar situaciones nuevas o diferentes.
- ✓ Puede provocar algún tipo de pérdida, ya sea física, moral o emocional.
- ✓ Podemos equivocarnos y ser criticados por los demás y/o por nosotros mismos.
- ✓ La falta de control que sentimos. Esto generalmente nos angustia.

Cuando nos encontramos frente a los cambios que provienen de situaciones externas, que podemos hacer:

- ✓ Resistirnos abiertamente, atacándolo.
- ✓ Aceptarlo aparentemente, tratando de sabotearlo. Por ejemplo: llegando tarde, no escuchando lo que nos dicen, se nos "olvida" lo que tenemos que hacer, etc.
- ✓ Aceptarlo, pero con una actitud de víctimas, "sufriéndolo".
- ✓ Aceptarlo con una visión positiva. Si tomas esta opción en tu vida tendrás en cuenta:
    - ✓ Decidir tomar la mejor actitud frente a la situación.
    - ✓ Analizar el porqué el sufriendo de éste miedo para buscar de resolverlos.

✓ Recurrir a nuestras habilidades y fortalezas para examinar los posibles obstáculos y solucionarlos.

✓ Tener presente que siempre hay un aprendizaje en todas las decisiones que tomamos.

La manera de enfrentar el cambio, depende, en gran parte de nuestra autoestima.

Cuando nos sentimos seguros y capaces, vemos el cambio como un reto o una motivación positiva.

Cuando nos sentimos incapaces o poco valiosos, el cambio nos disgusta e incluso nos asusta.

Nuestra manera de enfrentar el cambio depende de lo que aprendimos durante la infancia o ante ciertas situaciones dolorosas. Pero siempre podemos aprender a enfrentarlo de manera positiva, aprendiendo de él y mejorando nuestra vida.

Empieza por analizar tu actitud ante situaciones nuevas o diferentes.

¿Te preocupan o te angustian? ¿Qué crees que piensas sobre ellas? ¿Qué piensas de ti mismo al resolver los problemas? ¿Que opinión tienes de ti mismo cuando cometes un error o cuando estás angustiado?

El punto focal está en tu autoestima, ubica qué vivencias, situaciones o comentarios crees que influyeron para que formaras ese concepto que tienes de ti. La autoestima se forma en la infancia a partir de las vivencias, percepciones y conclusiones de un niño pequeño, con pocas herramientas.

Pero se fortalece en cualquier momento con el deseo, esfuerzo e información adecuados.

No te culpes ni culpes a los demás. Recuerda que en su momento esas personas hicieron lo que consideraron correcto o lo único que podían o sabían hacer.

Busca la manera de modificar el concepto que tienes de ti mismo y de fortalecer tu autoestima.

Este es un proceso que se lleva a cabo poco a poco y con periodos de tiempo prolongado ya que solamente va a depender de lo que pienses de ti mismo aplicando el discernimiento y la auto valoración. Fortalecer la autoestima es como cuidar una planta. Aparentemente no vemos los cambios. Pero un día la vemos, recordamos cómo era antes y notamos la diferencia.

¿Cual es la razón del miedo al cambio?

✓ Baja autoestima. las personas con baja autoestima suelen pensar:
    ✓ No voy a lograr o no me lo merezco.
    ✓ No soy capaz de resolver las situaciones que se me presenten.
✓ La posibilidad de perder la atención y el apoyo por mantener la situación en la que estamos.
✓ El pensamiento de que los cambios generan crisis o inestabilidad.
✓ La critica o rechazo externo por parte de terceras personas.
✓ Pensamientos catastróficos y extremistas, sobre todo lo malo que el cambio va a traer.
✓ Valorarnos en función de lo que hacemos o tenemos.
✓ La posibilidad de perder el control sobre nuestra vida y las circunstancias.

Recuerda lo que dijo Einstein: **"Si buscas resultados distintos, no hagas siempre lo mismo"**.

Escoja una situación particular en la que quieras trabajar para mejorarla. Enfócate en una a una a la vez, para que veas los efectos paulatinamente ya que es un proceso lento y personal, cada quien va a su ritmo y a su tiempo según la dedicación que se le ponga para enfrentarlos y resolverlos. También hay que tener en cuenta que todos nuestros cambios repercutirán en otras personas.

Recuerda que el cambio es un proceso lento. Es como plantar la semilla de un árbol. Necesitas cuidarla y alimentarla y poco a poco surge la planta. Hasta que un día volteas y ves un árbol fuerte y hermoso. Describe, la situación que te está causando angustia, dolor, malestar y/o problemas.

Escribe, con la mayor cantidad de detalles posibles:

✓ Todo lo negativo que está asociado a esa situación.
✓ Cómo va a ser tu vida cuando cambies esa situación.

Ahora cierra los ojos e imagínate en tu nueva realidad. Observa cómo te sientes, cómo actúas, etc. Fija esa imagen en tu mente.

¿Sabes que es lo que necesitas hacer, para lograr lo que deseas? ¿Qué es lo que te impide obtenerlo?

Uno de los mayores obstáculos es nuestra manera de pensar. Trata de darte cuenta de lo que estás pensando. Se te hace difícil, imagínate que pensaría cualquier persona que se encontrara en esa situación.

Analiza esos pensamientos, ve donde y cuando aprendiste a pensar así. ¿Crees que todavía son apropiados para tu forma de ser y para la vida actual? Si son inadecuados para lograr tus metas, cámbialos.

¿Qué te diría la persona que más admiras, si le comentaras cuáles son esos pensamientos que te están causando daño? ¿Qué te sugeriría como alternativa?

¿Como identificamos las emociones que nos dan miedo?

Para intentar controlar y poder moldear algunas de tus emociones es recomendable aplicar un proceso racional. Un protocolo que requiere mucha práctica, y que se resume en los siguientes tres pasos:

✓ Identificar la preocupación.
✓ Racionalizar emociones y sentimientos.
✓ Cambiar la emoción.

Primer paso: Identificar la preocupación.

Es indispensable que seamos capaces de ubicar la emoción que nos preocupa y nos *complica* la vida. Muchas veces son las personas de nuestro entorno son quienes mejor detectan nuestro apego a la emoción y nos advierten de ello. Puede que tengan o no razón, hay que escuchar a nuestro interior y ser capaces de meditar sobre qué implicaciones está teniendo en nosotros. ¿Podemos dormir placenteramente con una emoción que nos perturbe? ¿Creemos que no hay problema cuando en realidad no paramos de pensar en ello? ¿Nos estamos limitando? O ¿Nos damos la oportunidad de empezar cosas nuevas?

Puedo compartir muchas experiencias propias que seguro resultan bastante cercanas. Por ejemplo, más de una vez he creído con locura que había encontrado a la mujer de mi vida, y como mi oferta era maravillosa, debía ser igualmente correspondido. Al sentirme rechazado, no era capaz de comprender el motivo. Una y otra vez le daba vueltas a la cabeza sin querer aceptar la situación. Muchos amigos me advertían "olvídate de ella", pero mientras uno no quiere ver la realidad, es difícil dar los pasos para salir de esa relación tóxica de no correspondencia. También las obsesiones con el trabajo o con una tarea concreta son ataduras que nos pueden asfixiar lentamente. Algunas veces nos obsesionamos en conseguir algo, para lo que no estamos del todo preparados, o simplemente no somos los más adecuados. Cuanto más tardemos en aceptarlo, más tardaremos en aislar nuestro sentimiento de orgullo que nos impide pedir la ayuda correcta.

Para identificar la preocupación es bueno comprobar si tu descanso o la forma de actuar están siendo afectadas. Suelen ser el síntoma que nos alerta para entrar al *quirófano* y comenzar el tratamiento. Pasarás a la siguiente fase una vez que hayas *preparado el quirófano* y estés dispuesto a tratar la emoción limitante.

Segundo paso: Racionalizar emociones y sentimientos.

Comienza siendo consciente de la salud. No es bueno para tu fortaleza mental darle vueltas a la preocupación todo el día. ¿Verdad que quieres estar fuerte como un roble? ¿Verdad? No te llames a engaño, y siente que tu vida es más importante que cualquier atadura emocional. Si para ti es más importante el sentimiento que tu propia salud, puedes abandonar el ejercicio. Sería respetable, ya que hay gente que prefiere morir antes de dar su brazo a torcer. Pero seguro que si estás leyendo este libro es porque sabes encontrar muchos motivos por los que valorar tu salud por encima de todo.

Comprobado y respetado el motor de la salud, es bueno que analices qué **creencias y/o valores** pueden estar involucrados en este sentimiento. El motivo de que una emoción te esté limitando suele venir ocasionado por no respetar alguno de tus valores o estar convencido de alguna creencia limitante.

Por ejemplo, es habitual ver cómo falla el respeto de las personas ante las decisiones que toman otros. Cuesta mucho aceptar directrices de nuestro jefe cuando no las compartimos, sin respetar que quizás están bien argumentadas, pero que somos nosotros quienes no las entendemos. O que tengas una creencia del estilo "soy la persona ideal para mi pareja", y que no quieras aceptar que no lo eres cuando la otra persona te dice que no quiere verte más. El ego muchas veces te impide aceptar la realidad, entrando en lo que técnicamente se entiende como **duelo**. Defenderlo más de la cuenta, te limita avanzar para salir de ese tipo de creencias limitadoras.

Anteponiendo la salud, y habiendo meditado sobre los valores y creencias, piensa ahora un poco en la herramienta *Generador de perspectivas* que desarrollamos en el capítulo anterior. ¿Qué otras opciones tienes más allá de la quedarte anclado en esa emoción? Normalmente existen muchas más opciones, y deberías valorar un poco sus pros y contras.

Volviendo al ejemplo laboral, ¿debería seguir trabajando todo el día amargado por lo que me piden en mi empresa? O, ¿no sería mejor que intentara evaluar un cambio de departamento, o de proyecto? Con el ejemplo de pareja, ¿debería seguir enamorado de una persona el resto de mi vida pese a que no soy correspondido? ¿No sería mejor conseguir una nueva relación con alguien que me corresponda?

Tercer paso: Cambiar la emoción.

En el último paso tendrás que pasar a quirófano y *operar a tu corazón* para cambiar esa emoción, por difícil que parezca. Cambiarlo por completo requiere mucha práctica, así que no tengas problema en aprender poco a poco y conseguir modularlo con el tiempo. Si no lo haces, te estarás acomodando y comenzarás actuar como una persona mayor, no a nivel de edad, sino a nivel neuronal. En el momento en el que dices, "¿y qué más da?, ¿y para qué voy a cambiar?" sin plantearte algunas de las opciones que detectaste en el paso anterior, será cuando comiences a perder poco a poco tus ilusiones. Es normal que este paso te resulte difícil, no desesperes, y recuerda pedir ayuda en caso de que no lo estés consiguiendo.

Es recomendable huir de las personas que dicen "¿y para qué?", porque además saben contagiar a todo el mundo. Suelen ser quejicas que buscan a otros quejicas y conforman un quejido organizacional, sin aporte ninguno, y cayendo en un victimismo total. Muchas veces somos nosotros mismos quienes ponemos obstáculos y no paramos de pensar cosas como… "es que tardaré mucho…", "es que no sé si lo conseguiré…", "es que es muy difícil…", "es que la teoría es muy fácil…", "es que ya no sé lo que quiero…". Es habitual encontrar en algunas empresas auténticos fósiles que echan la culpa a los demás… "es que la empresa va mal…", "es que el mercado va mal…", "es que mis compañeros no saben…", y que indican mil argumentos antes que aceptar que pueden mejorar las cosas. Es más efectivo que intenten orientar su energía quejica en otra más positiva que les oriente hacia el cambio.

Resumiendo: podemos superar nuestros miedos y enfrentarnos al cambio, con el coaching es mas fácil y sencillo solo tienes que quererlo.

- ✓ Realiza afirmaciones poderosas a diario. Si tiene una lista de miedos o limitaciones cambiarlas.
- ✓ No tome en cuenta sus pensamientos negativos, deje de preocuparse por lo que puede suceder.
- ✓ Ocúpese en el momento preciso cuando tenga que hacer cualquier actividad.
- ✓ Enfoque sus pensamientos y sus palabras hacia conversaciones productivas.
- ✓ Atrévase a hacer las cosas diferentes.

CAPITULO VI

¿Qué es el Reiki?

$\mathfrak{R}$eiki es una palabra sánscrita de origen Japones que se compone de dos silabas REI que significa energía universal, que hace posible el funcionamiento armónico del universo según la conciencia divina y KI, energía vital, que posibilita la vida, anima a todo ser viviente que circula por él.

Reiki es un sistema de sanación, auto sanación y re equilibro bioenergético mediante la canalización y transmisión de energía vital a través de la imposición de manos, que se utiliza para armonizar las frecuencias vibratorias de un individuo, obteniendo paz y equilibrio. Incidiendo sobre los bloqueos energéticos que perturban la libre circulación de la energía en su ser, restaura y armoniza sus sistemas, posibilitándole y mostrándole de forma sencilla, fácil y asequible para todos, el camino de vuelta a la salud, la alegría, la integración y el amor.

Con esta energía y sus principios se eliminará rápidamente el estrés y la agitación de nuestra vida cotidiana, nos ayuda a avanzar en nuestro camino de evolución, resolviendo la duda existencial y el miedo injustificado, conectándonos con nuestra esencia de amor incondicional, también nos hace sentir gloriosos de existir porque redescubrimos cual es nuestra misión de vida, que habíamos olvidado con el estrés y las responsabilidades que nos impone la sociedad.

Esta nueva satisfacción cambia nuestra actitud, nuestras creencias y nuestro comportamiento, que al reorientarse hacia nuevos valores espirituales de amor, comprensión y entrega nos hace más poderosos para valorar nuestras bondades.

En el nivel Físico mejora las dolencias, lesiones, metabolismo, cicatrización, entre otras. En el nivel Emocional sana problemas sentimentales, agresividad, infelicidad, etcétera.

En el nivel Mental cambia hábitos dañinos, estrés, insomnio. En el nivel Espiritual genera armonía, paz, equilibrio.

Esta energía actúa en profundidad atacando la raíz del problema físico o emocional, permitiendo que la emoción o el patrón de conducta que ha creado el desequilibrio, se manifieste y sea sanado. También nos ayuda al crecimiento personal y a la expansión de nuestra conciencia.

Para poder hacer reiki no tienes que estar dotado de alguna habilidad específica, cualquiera puede hacerlo, únicamente debes ser iniciado por un maestro de reiki, que abrirá tus canales energéticos para que puedas canalizar la energía a otras personas y a ti mismo a través de tus manos.

Parte de los principios utilizados en esta disciplina provienen de la medicina oriental que está basada en los chakras y en los desequilibrios energéticos que ellos producen. Según esta teoría el cuerpo humano dispone de una serie de puntos energéticos llamados chakras cuya tarea es la recepción, acumulación, transformación y distribución de la energía por el organismo. Si por alguna causa física, emocional o mental se quiebra el flujo constante de energía en el cuerpo, podemos decir que se produce la enfermedad. Con el reiki se armonizan estos puntos para restablecer el normal funcionamiento energético del organismo. Estos mismos principios se utilizan en el yoga, tahi-chi y la acupuntura entre otras disciplinas.

Esta es una técnica no agresiva, ya que en las sesiones de reiki el receptor no siente ningún dolor ya que en ningún momento se realiza contacto físico con la persona. La terapia Reiki pueden recibirla todos los seres humanos (adultos sanos, enfermos, embarazadas, niños y bebés), incluso también los animales y las plantas. Es una terapia complementaria a la medicina convencional y terapias psicológicas, reconocida por la Organización mundial de la salud (OMS).

El espíritu forma parte de la naturaleza del ser humano y la maduración espiritual es una fase más del proceso de evolución natural de la persona. Las diferentes formas de espiritualidad son sólo un apoyo para este proceso, así como el deporte lo es para el desarrollo físico y la educación para el intelectual. La maduración de la persona no está completa en tanto no se realiza su proceso de maduración espiritual.

Al igual que en los niveles físico y mental, cada persona tiene su propio ritmo de maduración. La fortaleza y estabilidad del espíritu es un factor más dentro del nivel de salud de la persona. El espíritu se apoya en la mente, las emociones y el cuerpo para su estabilidad. Un espíritu firme es señal de una buena salud en general. Una buena conexión con el espíritu no proporciona la guía y sensibilidad necesarias para mantener el equilibrio en nuestro cuerpo y emociones.

La Historia del Reiki

El Reiki Tradicional aparece a mediados del siglo XIX a través de su fundador Mikao Usui. El cual nace el 15 de Agosto de 1865 en la aldea de Yago, en el sur del Japón. Parte de su historia comenta que contrajo nupcias con Sadako-Suzuki y de este matrimonio surgieron dos hijos, un niño y una niña. Su familia era de pocos recursos económicos lo cual no le impidió para que estudiara ya que tenia unas grandes habilidades para ello. Debido a que la ciencia no le llenaba a nivel personal y espiritual decidió buscar el sentido de la vida a través de diferentes facetas.

Mikao recorrió varias partes en la búsqueda de técnicas para sanar el cuerpo y el espíritu de las personas, debido a su gran inquietud por saber el porque de las cosas, se dirige a la India y el Tibet, que eran los mas grandes centros energéticos y espirituales de a época. Allí estudia arduamente todos los conceptos, preceptos y sutras en os diferentes monasterios budistas, indios, chinos y tibetanos. En todos ellos pudo concluir que el hombre tenia la capacidad de sanar el cuerpo en épocas anteriores pero se habían perdido lo largo del tiempo, por lo cual se dedicaron al crecimiento espiritual.

Su curiosidad y persistencia lo guió para seguir buscando en diferentes manuscritos la información que el quería, despúes de un ardúo trabajo creyó encontrar la respuesta que tanto anhelaba en un documento que escribió un discípulo de Buda y su contenido data de los años 2500 a.C., donde se pudo corroborar la existencia de unos símbolos y procedimientos que pasarían a ser la base de esta disciplina.

En la ciudad de Tokio, en Abril de 1922, Usui fundó la "Usui Reiki Ryoho Gakkai" (Sistema Reiki de Usui de Sanación Natural) decidiendo así impartir sus conocimientos a las demás personas y empezar a hacer cesiones de reiki en la comunidad. Un terremoto de gran magnitud en Septiembre de 1923, en el área de Kanto (Tokio y alrededores) trajo consigo un sin número de daños materiales, pérdidas de vidas, quedando muchos heridos y produciendo un sin número de enfermedades, las cuales fueron tratadas a través de este método, trayendo muchos beneficio a las personas.

El comandante de la marina imperial de Japón Chujiro Hayashi, en el año 1925, recibió el honor de ser nombrado Gran Maestro Reiki, ya que le habían sido conferidos los conocimientos y técnicas del reiki, con este legado le vino también una gran responsabilidad para guiar a los demás maestros de reiki.

En 1935, Hawayo H. Takata, originaria de Hawai, había visitado frecuentemente la clínica de Reiki para sanarse de varias enfermedades que tenia desde hace varios años y logrando su estabilización emocional y su ritmo bioenergético pudo recuperar su estado de salud en aproximadamente cuatro meses. Allí pudo conocer a Chujiro Hayashi que era el director de esta clínica donde muchas veces le solicito que la incluyeran para estudiar esta disciplina, pero como en aquel momento solo se transfería el conocimiento a los hombres no la tomaban en cuenta, debido a su persistencia y lealtad a la clínica Takata recibe su primera iniciación de reiki a finales de 1936. El ano siguiente Takata recibe los conocimientos del segundo nivel de Reiki y retorna a Hawai, después de haber estado dos anos en el país oriental. Takata abre su propia clínica de reiki en Kapaa. En 1938, Chujiro Hayashi visita a Takata en Hawaii y recibe de él el grado III de Reiki y le concede el grado de Maestra/ enseñante, designándola públicamente como sucesora suya antes de su muerte, acaecida el 10 de Mayo de 1941.

La Sra. Takata falleció el 12 de diciembre de 1980 y dejo un legado de 22 maestros de reiki y el Titulo de Gran Maestro se lo dejo a su nieta, Phyllis Lee Furumoto. Tras la muerte de la Sra. Takata, el movimiento Reiki occidental se dividió en dos corientes: la "Alianza Reiki" dirigida por Phyllis Lee Furumoto, la "Técnica Radiance" guiada por Barbara Ray y radicada en EEUU. Otras divisiones también aparecieron, como los "Maestros Reiki libres" de la cual surgieron a su vez la corriente "Usui-Tibetana" de William L. Rand con sede en Michigan EE: UU. Y en Reiki de Osho entre otras.

Principios del Reiki

Mikao Usui comprendió en aquella época que el fin no era solamente curar el cuerpo físico, sino apoyar los cambios en cada persona, a través de responsabilizarse de su propia transformación cambiando de actitud ante la vida, eliminando los pensamientos negativos y las actitudes que sean perjudiciales para si mismos, abriéndose a lo positivo y al amor.

De esta forma enuncio cinco principios fundamentales, que rigen el comportamiento y la ética que deberían practicar e interiorizar hasta convertirlos en principios rectores de nuestra vida, de forma que queden integrados en nuestra forma de ser, actuar y pensar, los cuales irradiaremos siendo ejemplo del cambio de conciencia.

1. Solo por hoy no te enojes:

Tu paz es interior y nada te puede perturbar si te mantienes en el centro de tu corazón. Nada ni nadie te puede hacer daño si no lo permites. Teniendo esto como premisa podemos darnos cuenta que la irritación es un estado de inarmonía que proviene de diferentes tipos de sentimientos como la cólera y la ira que son generados por la frustración de querer controlar y dominar todas las situaciones en que nos vemos inmiscuidos, bien sea en el hogar, el trabajo, las relaciones con los amigos y la pareja, de tal forma que cuando nos vemos que las cosas se nos salen de control se produce el enfado, el odio, la rabia, el cólera y la ira, lo que nos produce un estado de desconexión con el ser.

Cuando sientas que cualquier situación te irrita piensa en este principio y analiza cual es la causa del problema, que trascendental es y la poca importancia que tiene, así podrás neutralizar este sentimiento para que puedas expresar tu amor de forma incondicional, la unión y la fraternidad que forman parte de la conciencia universal.

Ten en cuenta siempre la Ley de Causa y Efecto, sabiendo que todas las situaciones de tu vida es originada por una causa que genera un determinado efecto, que es generado para tú evolución, por ello no busques afuera culpables ya que todo es creado por ti.

Nuestras reacciones coléricas hacia los demás nos deben servir para descubrir los puntos débiles de nuestra personalidad y una vez identificados y siendo plenamente conscientes, estaremos en condición de asimilar las enseñanzas que encierran las cuales debemos asimilar para seguir avanzando en nuestro proceso evolutivo.

2. Solo por hoy no te preocupes

Hay que hacer referencia de que debemos vivir en el aquí y en el ahora, dejando de lado de lado los remordimientos del pasado, pensar en lo que pudo ser y no fue, o sentimientos de culpa, ya que en ese momento se actuó según nuestro condicionamiento para aprender y evolucionar. Hay que ocuparse de las cosas en el momento preciso, solamente podemos tomar acciones reales para lograr lo que queremos. Así mismo tampoco debemos preocuparnos por el futuro ya que con nuestras acciones diarias lo estamos contribuyendo, atravesando por situaciones necesarias de aprendizaje.

La preocupación está asociada generalmente con el miedo o la falta de confianza en lo que puede pasar, para no preocuparnos tenemos que asimilar que el miedo es una sensación que nos acompaña a lo largo de nuestra vida, ya que para avanzar debemos de tomar riesgos y decisiones que cambian el rumbo de nuestras vidas, considerándolo como un amigo, si lo afrontamos desde una actitud de poder que se logra con un buen trabajo interior de autoestima, amor y confianza en nosotros mismos.

La preocupación y el miedo inducen a nuestro cuerpo a modificar el funcionamiento armónico de nuestro organismo teniendo como resultado la taquicardia, respiración superficial, aumento de la presión sanguínea y una sensación de vació producida por una descarga de adrenalina en el torrente sanguíneo para indicar al cuerpo que debe huir o tomar una acción. Si esta situación es recurrente y no utilizamos el exceso de adrenalina a través de las descargas emocionales, se envenena y contamina nuestro cuerpo y nuestras glándulas suprarrenales se habitúan a generar un exceso de adrenalina al menor problema o contratiempo que se nos presente. Por lo que disminuye nuestra capacidad inmunológica haciéndonos mas vulnerables a las enfermedades.

Por esta razón debemos de adaptar nuestra mente a tomar una actitud neutral ante cualquier situación de la vida cotidiana que pueda afectarnos, de la misma forma tenemos la responsabilidad de fomentar en nosotros mismos la alegría, el optimismo y la confianza. Una de las formas de superar la preocupación y el miedo es reconciliarse con las situaciones negativas o desfavorables, cuando nos enfrentamos a un problema, una actitud de poder que podemos tomar es pensar que aunque no tiene buen aspecto, sin embargo no pasa nada. Yo mismo soy quien juzgo esa situación como mala porque no me va a generar alguna satisfacción, pero en realidad es una situación objetiva de la vida a la que yo le pongo la etiqueta, por ello, me enfrento directamente a ella y no me obsesiono, dejando fluir como un río y en poco tiempo desaparecerá y cambiará. Todo en la vida es un constante cambio, nada es permanente.

3. Solo por hoy da gratitud:

Cuando damos por sentado las bondades que estamos pidiendo al universo este nos responde cumpliendo cabalmente lo que pedimos. En otras palabras debes ser agradecido para seguir recibiendo. Tú eres el único ser, universal y divino y tienes tanto derecho a la abundancia universal como cualquier otro.

La gratitud por todo lo que somos, tenemos y hemos recibido es el estimulo que envuelve nuestro espíritu para seguir avanzando, a través de cada paso que damos nos sentimos mas seguros en nuestras capacidades para poder superar las continuas dudas, miedos y temores que se nos presentan en nuestra vida.

La gratitud está relacionada con la abundancia, el éxito y la prosperidad, ya que el universo nos provee de todo lo que necesitamos para nuestro sustento, en cambio si nos centramos en las cosas que creemos que nos hacen falta nos sentiremos frustrados e insatisfechos.

4. Solo por hoy trabaja honestamente:

Haz lo mejor que puedas con lo mejor que tengas, creciendo siempre desde lo mas interno de tu corazón. El trabajo o la labor que realices es una parte de ti mismo, es la energía que le imprimes y cedes a la colectividad y al mundo en forma física o intelectual. Para hacer las cosas de la mejor manera posible debes amar lo que haces, si no te gusta lo que actualmente realizas deberías de pensar en cambiar de actividad para que valores tus acciones y sean dignas de tu aprecio y tu satisfacción por hacerla.

No existen actividades mejores que otras, solamente es tu apreciación de las cosas donde le das mayor o menor importancia a los trabajos que se puedan desempeñar. Por lo general este tipo de apreciaciones vienen dadas por alguna creencia que debas de modificar de tu trabajo o profesión, puedes elegir pasar de un estado decepcionante para ti a un estado de satisfacción y alegría por las cosas en que te desempeñas.

Un legendario proverbio Zen que dice "Antes de la iluminación, cortar madera y llevar agua. Y después de la iluminación, cortar madera y llevar agua. Con esto queremos decir que si antes realizamos un trabajo y lo juzgamos con poco valor, debemos realizar un cambio de nuestros pensamientos interiores que nos lleven a considerarlo como algo digno que valoremos, para que podamos llenar nuestras expectativas como seres valiosos para nosotros mismo y para los demás. Una de las bondades de amar nuestro trabajo es que lo haremos honradamente, lo que supone desarrollarlo en las bases del amor y el placer de realizarlo, aportando bienestar y alegría donde lo desempeñemos.

Si somos honrados con nosotros mismos y con las demás personas, asumiendo la responsabilidad de nuestras acciones y aceptando la verdad de lo que pasa a nuestro alrededor con amor, desarrollaremos autoconfianza y seguridad en nosotros mismos lo que generará trasmitir coherencia y sinceridad a nuestras relaciones con los demás, lo que hará mas pleno el desarrollo de nuestro ser a través de nuestra esencia.

5. Solo por hoy se amable con los seres vivos:

Cuando hacemos lo mejor a otras personas pensando que nos gustaría que nos trataran de la misma forma, el universo actúa multiplicando estas acciones retribuyendo las buenas intensiones. Todo ser viviente, ya sea animal, persona, planta o cosa es merecedora de nuestro respeto, amabilidad, compasión y amor. Cuando tomamos conciencia de esto proyectamos hacia nuestro entorno sentimientos armónicos con energías positivas y los mismos serán devueltos multiplicados. Por el contrario cuando proyectamos sentimientos negativos o faltos de armonía nos separamos de nuestro centro ya que actuaríamos indiferentes ante nosotros mismos y el mundo.

El primer paso para realizar este principio es quererte y respetarte a ti mismo, porque si constantemente te criticas, te auto desprecias y tienes una mala imagen de ti mismo esto es lo que reflejaras a los demás y con ellos tus cuerpos físicos y sutiles irán almacenando energía negativa. Cuando no te aceptas y te amas incondicionalmente a ti mismo, tu critico interno, te está diciendo constantemente que no eres lo bastante bueno y esto te llevará a sentir infelicidad e insatisfacción, disminuyendo la alegría en nuestros actos cotidianos y en nuestras relaciones con los demás. Solamente a través del amor y la valoración propia podemos ir dando pasos de avance en nuestro crecimiento trayendo como beneficio un bienestar en nuestra calidad de vida. Al enfrentarse a tus situaciones difíciles recuerda siempre que cada persona física tiene en su interior un ser de luz y acercate a el con respeto y amor.

El Reiki y los Chakras

La comprensión teórica del funcionamiento de los chakras es fundamental para el entendimiento de cada uno de ellos, ya que son independientes y cumplen funciones diferentes.

Los escritos que nos ha legado la tradición mencionan un número elevado de chakras: 88.000. Esto significa que en el cuerpo humano apenas existe ningún punto que no sea un órgano sensible para la recepción, transformación y retransmisión de energías. Sin embargo, la mayoría de estos chakras son muy pequeños y desempeñan un papel subordinado en el sistema energético. Existen aproximadamente 40 chakras secundarios a los que se asigna una mayor importancia. Los más importantes de ellos se encuentran en la zona del bazo, en la nuca, en las palmas de las manos y en las plantas de los pies.

Los siete chakras principales, situados a lo largo de un eje vertical de la columna junto a la mitad anterior del cuerpo, son tan decisivos para el funcionamiento de las zonas más fundamentales y esenciales del cuerpo, del espíritu y del alma del hombre.

La misión de los chakras es canalizar las energías de vibración superior hacia las estructuras celulares y orgánicas del cuerpo físico, la energía es recibida y absorbida por los chakras, estos antes de asimilarlas realizan un ajuste sintonizándola a la frecuencia vibratoria particular de cada ser, que será mas alta o mas baja en función del grado de evolución de cada persona, una vez absorbida y sintonizada, se transforma en la energía vital individual de cada uno, siendo conducida a través de los canales o vías de circulación energética hacia los átomos y células que componen los órganos, las glándulas y tejidos del cuerpo material, los cuales se nutren de ella y la utilizan para mantener sus funciones vitales.

Las enfermedades y dolencias en el plano físico son el reflejo de un mal funcionamiento de nuestro plano no físico, de forma que cuando tenemos pensamientos y sentimientos negativos sobre nosotros mismos o sobre los demás, se originan unas fuerzas negativas que interfieren en el flujo de la energía vital lo que provoca el mal funcionamiento de las partes del cuerpo físico a las que va dirigida, manifestándose en forma de dolencias y enfermedades. Tenemos siete chakras principales que conectan nuestro cuerpo físico con nuestros cuerpos sutiles y están conectados con el canal energético principal del organismo que coincide con la médula espinal.

El Chakra Raíz

Este chakra es de color rojo fuego y esta ubicado a la altura del coxis en la base de la columna vertebral y es el nùmero uno de abajo hacia arriba, el mismo tiene forma cónica abierto hacia abajo. El elemento tierra es el que rige este circulo de energía, creando la conexión entre la persona y su forma de supervivencia, la existencia terrenal, el arraigo, la estabilidad y la salud física. Otra de las relaciones mas notorias que se manifiestan en este chakra es la conexión con la madre (progenitora) y las ganas de vivir.

La armonía de este chakra se ve reflejada cuando la fortaleza interior se hace presente, la satisfacción de vivir, la estabilidad, la conexión y el disfrute de la madre naturaleza y sus criaturas. Cuando las personas tienen una confianza imperturbable, pueden lograr sus objetivos y se sienten seguros de que reciben todo lo que necesitan del universo como por ejemplo: dinero, alimentos, protección y seguridad. Estas personas naturalmente y sin pensarlo aceptan y agradecen todo lo que la vida les proporciona.

Una forma muy fácil de saber si una persona tiene un desequilibrio en este chakra es cuando observamos que la forma de actuar frecuentemente es para su satisfacción personal, busca sobre todas las cosas la posesión y seguridad de los bienes materiales, así como experimentar con los sentidos (gusto, piel, olfato, vista, oír), por ejemplo disfrutar de las artes culinarias a través de la comida, hacer la degustación y cata de un buen vino o licor, experimentar diferentes gustos en el sexo, etc. Todo cuanto deseas podrás experimentarlo sin importar las consecuencias. Esto trae como consecuencia no tomar en cuenta (consiente o inconscientemente) las necesidades de los demás y tu propio cuerpo, descuidando una alimentación sana y balanceada, el descanso adecuado, el equilibrio y armonía de la vida.

Este tipo de disfuncionamiento hacen que las personas se auto protejan y se limiten, resultando difícil el dar y recibir incondicionalmente. El retener las cosas a su lado hace poco probable desprenderse de las cosas materiales y personales. Esto también se manifiesta en el plano corporal en forma de estreñimiento y sobrepeso.

En el mas severo de los casos las personas se exaltan, se irritan y se enojan con facilidad cuando otras personas desafían sus creencias o ideales; tratan de imponer a través de gritos o de forma violenta sus propios deseos o ideas ya que se aferran a determinados pensamientos y ambiciones de las que no puedes desprenderse. Detrás está siempre la angustia de perder algo o incluso de no recibir algo, que te transmite seguridad y bienestar.

El Chakra Sexual

El chakra numero dos es de color naranja y se encuentra ubicado a 3cm debajo del ombligo en forma de cono orientado hacia el frente. Este circulo energético está relacionado con la creatividad, los talentos originales de cada individuo, la innovación de las ideas, la conexión con el niño interior, la sexualidad, la reproducción y el gozo saludable de la vida.

La armonía de este chakra se manifiesta cuando las personas están dispuestas a hacer nuevas amistades, siendo natural y espontaneo. Dando lo mejor de si sin temor al rechazo. El cortejo a las personas del sexo complementario tiene como resultado la posibilidad de entablar una relación sexual armónica, placentera y duradera con la persona amada, entrando en la fusión del amor para dar paso a la reproducción de la especie.

Una disfunción del chakra sacro tiene frecuentemente su origen en la pubertad. Las fuerzas sexuales en crecimiento provocan una inseguridad, puesto que los padres y educadores raramente están en condiciones de proporcionar un manejo correcto de estas energías. A menudo, en la más tierna infancia también han faltado delicadeza y cercanía corporal. Esto puede producir ahora una negación y un rechazo de la sexualidad, por lo que la expresión desinhibida pierde su potencial creativo y las energías se manifiestan de forma inadecuada. Esto ocurre con frecuencia en forma de fantasías sexuales o de instintividad reprimida, que se abren paso de cuando en cuando.

Cuando se utiliza el sexo con distorsiones en diferentes sentidos, genera inseguridad y tensión al sexo opuesto o con la pareja. Lo que trae como consecuencia el alejamiento del potencial creativo. La percepción sensorial es relativamente grosera y tienes la tendencia a anteponer la satisfacción de las propias necesidades sexuales.

Cuando las personas se sientes traicionadas en el amor, pierden la inocencia y la ingenuidad para expresar de forma sincera y natural el proceso de conquista y enamoramiento hacia el sexo opuesto, lo que trae consigo la añoranza de una relación satisfactoria.

El Chakra del Plexo Solar

Este chakra esta ubicado entre el ombligo y la boca del estomago, es el numero tres de abajo hacia arriba, de forma de cono dispuesto hacia el frente, es de color amarillo; es aquí donde realmente se generan los sentimientos que se manifiestan en el cuerpo físico, también se relaciona con el poder personal y la personalidad. En este lugar se encuentra su identificación social y trata de confirmarse a sí mismo mediante la fuerza personal, la voluntad de rendimiento y la aspiración de poder, o mediante la adaptación de las normas sociedad.

Cuando estamos en presencia de la armonía interior que se transmite con la paz contigo mismo, con la vida y tu posición ante ella podemos decir que este chakra esta funcionando correctamente. La aceptación y el respeto de tus propios sentimientos y los de los demás, así como las excentricidades y peculiaridades de las personas que te rodean. Ver la vida a través de experiencias necesarias para tu evolución, tomando lo positivo para integrarlas a tu personalidad, aceptar sentimientos y deseos de forma natural forman parte del buen funcionamiento de este chakra.

Otra de las cosas que se disponen a través de este chakra son las cosas que atraes a tu vida acorde con lo que piensas, ya que actuamos como imanes, sabiendo que en conciencia puedes realizar en plenitud tu derecho natural de manifestar tus deseos.

Podemos decir que este chakra no esta funcionando correctamente cuando las personas tratan de tener el control sobre todas las cosas, a nivel personal, familiar y laboral entre otras, tratando de influir e imponer tus puntos de vista. La necesidad de conquistar se hace cada vez mas fuerte, lo que trae como consecuencia una gran intranquilidad e insatisfacción contigo mismo. La búsqueda de reconocimiento exterior crea una gran satisfacción que te ha faltado en tu vida. Muchas veces este comportamiento viene dado desde la niñez o la adolescencia, cuando no se ha desarrollado el verdadero sentido de la autoestima. Para ello desarrollas un enorme impulso de actividad, con el que tratas de cubrir el corrosivo sentimiento de insuficiencia. Te falta serenidad interior, y te resulta difícil liberarte y distenderte.

Debido a tus pensamientos de tener grandeza, a través del reconocimiento, seguramente tendrás éxito y riquezas exteriores, las cuales no te darán satisfacciones duraderas. Muchas veces se reprimirán vicios o sentimientos indeseados. Consecuentemente, tus emociones se estancarán. Sin embargo, saldrán de vez en cuando pero no los podrás manejar de forma equilibrada, lo que resultarà que te exasperes o te enojes fácilmente.

Chakra del Corazón

A la altura del corazón en medio del pecho, esta ubicado el cuarto chakra, tiene un color verde esmeralda y esta asociado con el amor incondicional hacia ti mismo y hacia las demás personas.

En su mejor expresion es aquí donde las personas generan el amor incondicional con sigo mismo y los demas, es el centro del verdadero amor donde no hay condiciones ni limitaciones, es un amor que solo existe por si mismo y que no se puede tener o perder. Muchas veces se dice que es la puerta del alma ya que a través de el podemos conectarnos con la chispa divina que hay en cada uno de nosotros. La percepción también se va desarrollando a través del amor.

Cuando el corazón está completamente abierto intercambia armónicamente energía con demás chakras, convirtiéndote en un transformador de tu mundo y del entorno donde te desenvuelves. Son personas que les gusta unir, reconciliar a través del amor, todo es posible siempre y cuando la cordialidad, la confianza y la alegría se hagan presentes. La reconciliación es una acción frecuente que se usa cuando se piensa en la fraternidad y en la unión. El compartir los sentimientos y la disposición a ayudar son para ti algo sobrentendido.

El amor se expresa por el simple hecho de dar, sin esperar alguna retribución, en este estado se esta libre de cualquier conflicto interior, de dudas e incertidumbre. Se da lo mejor de si en todas formas sabiendo que estarás protegido y sustentado por el universo.

Una disfunción del chakra del corazón se manifiesta cuando siempre das las cosas con el anhelo de recibir algo a cambio, bien sea en forma material o sentimental, decepcionándote si tus esfuerzos no son recompensados. Esto puede ser de forma consciente o inconsciente ya que muchas veces hacemos las cosas sin darnos cuenta.

Cuando las personas no creen en el amor o simplemente lo tierno y romántico los desconciertan, también estamos en presencia de un mal funcionamiento de este chakra. Muchas personas se creen que son lo suficientemente fuertes y creen auto suficientes en el amor, rechazando el afecto de los demás, haciéndose una coraza para no sentir, rechazando el dolor y los ataques.

Chakra de la Garganta

El quinto chakra se simboliza con el color azul índigo, ubicado en la garganta, es propio de sus funciones físicas como lo son la expresión humana y la comunicación de tus pensamientos, sentimientos y acciones.

Cuando este chakra esta funcionando armónicamente te expresas sinceramente sin miedo a lo que puedan pensar los demás, es fácil revelar tus debilidades y fortalezas ya que estas consciente que solo tu tienes la responsabilidad de lo que sientes, piensas y haces. Siempre mantienes una actitud sincera frente a cada situación enmarcada en el respeto y la aceptación hacia los demás.

La creatividad se hace presente cuando lo haces con todo tu Ser. Teniendo el discernimiento de hacer silencio cuando lo consideras necesario o prefieres no meterte u opinar en alguna situación. El don de escuchar con el corazón se hace presente junto con la comprensión interior. El lenguaje utilizado es claro, preciso y concreto para expresar tus ideas.

Tu integridad se mantiene intacta frente a los problemas y las dificultades, primero tomas en cuenta tu estabilidad para tomar decisiones y poder decir un NO en el momento preciso, no dejándote convencer de terceras personas en cualquier situación y mantienes tu independencia, autonomía y libertad. Careces de prejuicios lo que aumenta tu conexión con tu voz interior que te dice que hacer por la vida y te entregas con plena confianza.

Este chakra se encuentra en disfuncionamiento cuando no eres capaz de reflexionar sobre tus sentimiento, tratando de ocultarlos o mejor dicho de hacerte el fuerte para no expresarlos, también resulta fácil meterse en la intelectualidad o tu racionalismo, el auto juicio se hace presente a tus emociones. Los sentimientos inconscientes de culpa y las angustias te impiden verte y mostrarte tal como eres y expresar libremente tus pensamientos, sentimientos y necesidades más interiores. En lugar de ello, tratas de disimularlos con toda suerte de palabras y gestos, tras los cuales ocultas tu auténtico ser. Tu lenguaje es o poco elaborado y grosero, o incluso objetivo y frío. Posiblemente también tartamudearás. Tu voz es relativamente alta, y tus palabras no tienen mayor profundidad de contenido.

Este tipo de personas siempre quieren proyectarse con fortaleza y rigidez no permitiéndose nunca tener una apariencia débil. Por esta razón te auto impones exigencias que muchas veces son cargas familiares, laborales o personales que no te corresponden y hacen un fuerte peso en tus hombros. Inconscientemente te encoges de hombros y cuello para protegerte de mayores esfuerzos o te proteges de alguna nueva amenaza.

Un funcionamiento inarmónico del quinto chakra se manifiesta también en el abuso de la palabra, tratando de manipular a las personas para imponer sus puntos de vista o para llamar la atención con un lexico muy eleborado, incrementando asi la falta de franqueza.

Sin embargo, también existe la posibilidad de que poseas profundos conocimientos interiores, pero que, por miedo al juicio de los demás o por angustia ante el aislamiento, no te atrevas a vivirlos y manifestarlos. Dado que ellos pugnan por manifestarse, de ahí pueden surgir espontáneas poesías, imágenes o cosas similares, que sólo con desagrado muestras a los demás.

Chakra del Tercer Ojo

A través del sexto chakra se ubica en el medio del entrecejo y a través de el se lleva a cabo la percepción del Ser. La percepción extra sensorial, la conexión con la divinidad y el discernimiento intelectual, los recuerdos y la voluntad se expresan aquí junto a la capacidad de mantener el sistema nervioso central del cuerpo en perfecto estado.

Todos nuestros pensamientos se potencian en la medida que ampliamos nuestra conciencia a través de este chakra, dependiendo de como piensa una persona sera mas fácil o difícil atraer a tu vida aquellas cosas materiales que tanto quieres, influye mucho si una persona piensa positiva o negativamente. Ya que todo absolutamente todo esta creado y en la forma que lo materialices dependerá única y exclusivamente de tus creencias y juicios, que iras cambiando en la medida que crezcas en conciencia.

Cuando el chakra esta en funcionando en su totalidad, podrás percibir al mundo de una forma diferente, el razonamiento lógico y científico desaparecerán, trayendo como beneficio el control de las energías que emanas a tu alrededor y la percepción mas aguada de tu intuición.

El funcionamiento inarmónico es en este caso se manifiesta en la pesadez de cabeza, debido a que usa constantemente la inteligencia y el conocimiento para comprobar a través de la razón todos los paradigmas y situaciones de su vida. La critica del pensamiento racional dan paso a ser una persona que vive casi exclusivamente a través del intelecto y de la razón. Al intentar regular todo mediante el entendimiento sólo das validez a las verdades que te transmite tu pensamiento racional. Comprobando y verificando a través de métodos científicos. Rechazas el conocimiento espiritual por acientífico e irrealista.

Chakra Corona

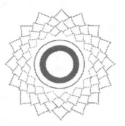

El séptimo chakra, también conocido por chakra corona, se ubica en la parte superior de la cabeza y es de color iridicente ya que contiene todos los colores del arco iris. Es aquí donde se concentran todas las energías de los centros inferiores. A través de el se realiza la conexión directa con la divinidad. El chakra coronal es donde se asienta la perfección suprema del hombre.

A través de este circulo energético es donde se produce la conexión con la vida, es el punto de inicio y fin de nuestro proceso de crecimiento, desde aquí partió nuestro viaje hacia la vida, y aquí regresamos al final de nuestra evolución. Aquí vivimos y nos experimentamos a nosotros en Dios.

En este chakra no hay bloqueos solamente puede estar más o menos desarrollado. Las personas que van aperturando este chakra tienen mayor conexión con su ser interior, disfrutando de la simplicidad de vida, admirando la naturaleza y sus milagros, dejando de lado la vida exterior, es decir, las fiestas, el estrés de las arduas actividades que nos impone la sociedad. Tu conciencia está completamente en calma y distendida, y en esa calma vives tu auténtica esencia como el ser puro, en el que existen todas las cosas.

En la medida que has madurado en conciencia, la iluminación va apareciendo naturalmente de forma definitiva ya que tu evolución esta en ascenso. La certeza de haber despertado de un largo sueño y vivir en plenitud sera tu nueva realidad.

¿Para qué sirve el Reiki?

A lo largo de nuestra vida se producen bloqueos internos que dificultan la circulación de la energía, por ello a veces nos sentimos desarmonizados. Cuando nuestra energía vital (Ki) es fuerte, nosotros estamos física, emocional, mental y espiritualmente sanos. Cuando nuestra energía vital está en un nivel muy bajo, podemos desequilibrarnos o enfermarnos en varias formas. Una de las maneras en que podemos reabastecernos de energía a través de Fuerza Vital es usando Reiki.

Reiki es un técnica complementaria de los métodos tradicionales de la medicina, ya que armoniza y desbloquea todos los planos del ser humano, físico, mental, emocional y espiritual. No agrede al cuerpo de ninguna manera y tampoco crea adicción ni efectos secundarios o colaterales ya que no se utilizan sustancias químicas ni elementos extraños al cuerpo sino solo la energía de vida que está presente en todo ser vivo.

El Reiki se puede utilizar para:

✓ Equilibra los centros energéticos del cuerpo.
✓ Ayuda a encontrase con tu Ser.
✓ Liberar emociones reprimidas.
✓ Aumentar el nivel energético, proporcionando vitalidad física y anímica.
✓ Revitalización orgánica y rejuvenecimiento de todo el organismo.
✓ Potenciar la medicina tradicional y elimina efectos secundarios en algunos medicamentos.
✓ Provocar un estado de relajación reduciendo o eliminando la ansiedad.
✓ Aliviar el sufrimiento así sea físico, emocional, mental o espiritual.
✓ Ayudar a eliminar el estrés diario al que somos sometidos por las exigencias de la vida actual.
✓ Minimizar las Migrañas, depresión, dolores menstruales, estreñimiento.
✓ Ayuda a limpiar el organismo y la mente de todo tipo de toxinas.
✓ En el caso de pacientes en fase terminal, puede dar alivio tanto a la persona afectada como a su grupo familiar.
✓ Ayuda en el desarrollo del embarazo, pre y post parto.
✓ Facilita el sueño y disminuir el abatimiento.
✓ Mejoras los trastornos alimentarios (bulimia y anorexia).
✓ Acelera las habilidades del cuerpo de auto sanar.
✓ Puede ser usado para ayudar animales y plantas.
✓ Mejora el rendimiento celular, los órganos (ovarios, páncrea, hígado, riñones, pulmones)y los sistemas (nervioso, inmune, cardio vascular) del cuerpo humano.
✓ Aumenta la concentración para estudiar y trabajar.

✓   Mejora la Autoestima.

Para acceder a Reiki no hace falta estar enfermo, cualquier persona que siente que "hay algo más" y no sabe qué, y no le encuentra mucho sentido a las cosas que hace en su vida cotidiana, puede encontrar su razón de ser y estar en esta vida a través del Reiki.

A través de este método, hacemos que nuestro cuerpo se vuelva más sano, el pensamiento se vuelva más calmado y aumentemos la alegría de vivir.

Cuales son los Niveles de Reiki

Los símbolos que fueron develados al maestro Mikao Usui son la esencia del reiki, cada uno de ellos funciona individualmente para un fin especifico ademas de potenciar la energía. Los símbolos se deben memorizar y también reconocer el orden perfecto del trazado de sus líneas, los cuales se hacen en el aire con la mano, repitiéndolo tres veces en forma verbal y haciendo un ademan de empuje después que se dibujan los símbolos. Los mismos también pueden ser visualizados mentalmente y enviados de igual forma. Una vez que una persona es iniciada en reiki los símbolos quedan inmersos para siempre en el campo energético del practicante por medio de un maestro debidamente certificado por alguna de las escuelas autorizadas. Por esta razón los símbolos tienen fuerza y efecto real cuando los hace un maestro o una persona que es iniciada en reiki, de lo contrario solamente es un simple dibujo sin poder.

Los símbolos tienen la virtud de abrir paso a mayores frecuencias de la Energía Universal, que producen efectos en el receptor y esta apertura se produce cuando el transmisor ha recibido la sintonización para usar estos símbolos, ya que en este proceso se produce un ajuste en el campo energético del alumno que queda sintonizado con la frecuencia de cada símbolo que ha sido inmerso en su campo.

La cantidad de energía que se manejará, aumentará con cada grado o nivel recibido, hay que tener en cuenta que la potencia de las transmisiones también influyen en el estado de depuración de los canales energéticos del transmisor que deben encontrase libre de bloqueos y depurados. Por ello es conveniente que los practicantes de reiki asuman un cambio en sus hábitos de vida, incluyendo una alimentación balanccada y el abandono de cualquiera adicción.

Es fundamental para mantener los canales energéticos abiertos la realización de ejercicios físicos y energéticos, la oración y la meditación diaria, la practica asidua del auto tratamiento y asumir la aplicación de los principios de reiki en nuestra vida cotidiana.

Hay normalmente cuatro niveles de Reiki que se diseñaron I, II y III, Maestría. En el nivel I se enseñan las técnicas básicas para la imposición de manos en el tratamiento para uno mismo y otros. En el Nivel II uno aprende las técnicas para la curación a distancia y recibe alineamientos para usar los símbolos, para activar las funciones específicas para la curación mental y emocional y para aumentar la conexión y el efecto de Reiki. En el Nivel III se agrega el plano espiritual o la función curativa intuitiva de la energía y la habilidad de alinear a otros para usar Reiki en sí mismos. En la Maestría se aprender a pasar las sintonizaciones y las iniciaciones. Para ser un Maestro de Reiki no es necesario gozar de un signo especial de fibra moral de persona, de conducta honrada, ni de ninguna forma del desarrollo emocional ni espiritual. Los Maestros de Reiki son tan humanos como cualquier otro. Cada nivel requiere un alineamiento o el conjunto de alineamientos. En cada uno de los niveles se notarán los progresos, pues puede haber una diferencia clara y notable en la percepción de efectos y las sensaciones de ambos: el terapeuta y el cliente. También, cuando se progresa de nivel, se enseñan los símbolos de Reiki que pueden ser (y son generalmente) usados en dar un tratamiento de Reiki.

Nivel I

En este nivel se da a conocer toda la historia del reiki, junto a sus principios, donde se explican ampliamente, se enseñan las posiciones de las manos para que los aprendices puedan hacerse un auto tratamiento y hacérselo a los demás. Enfocándose en el cuerpo físico.

Es un proceso de aprendizaje y evolución bastante sencillo ya que lo mas importante es la conexión con tu intuición y el ser que hay dentro de ti.

En vista de que la evolución de la vida se ha apresurado trayendo como necesidad el despertar de las conciencias humanas, para que cada día se conecten mas a través del amor y la conexión con su SER interior, para que podamos conducirnos de la mejor manera hacia nuestro entorno, muchas escuelas están incluyendo el símbolo del CHO-KU-REI en este nivel.

CHO-KU-REI es un símbolo de poder, que funciona como un interruptor de luz, atrayendo a este plano físico la energía universal y el bien para cada persona, cosa o situación donde se utilice. Este símbolo tiene direccionalidad y debe ser dibujado o visualizado sobre aquello que queremos que sea bendecido.

El trazado en espiral de este símbolo concentra la energía en su centro, para el trazado de este símbolo, se comienza con la línea horizontal de izquierda a derecha, luego baja verticalmente y se inicia el trazado de una espiral de tres vueltas en sentido contrario de las agujas del reloj, sellando finalmente el símbolo en su centro, repitiendo su nombre tres veces y haciendo un movimiento de empuje hacia donde lo queremos dirigir.

En el tratamiento y auto tratamiento se usa al principio y al final, y también puede usarse, para potenciar un aspecto concreto de una transmisión, dibujándolo con la lengua sobre el paladar y visualizándolo como pasa al paciente. Es un símbolo protector, ya que con el se inmersa en energía aquello que deseas cuidar o proteger como tu vehículo, la casa, la oficina, a la familia, entre otros

Con este símbolo se invoca siempre el bien donde sea colocado y también se le puede hacer a documentos, tramites, solicitudes y trafico vehícular entre otras cosas, particularmente lo recomiendo que lo usen en todas las situaciones de sus vidas ya que harán que fluyan mas rápidamente. Se usa para preparar y depurar energías negativas de espacios físicos.

Después de cada iniciación de reiki hay un periodo de purificación de 21 días consecutivos donde te tendrás que hacer el auto reiki todos los días, donde tu cuerpo se ira acomodando a la nueva vibración energética, donde tu físico y emocional se moverán para ir sanando cualquier situación. Se recomienda durante estos días tomar mucha agua, para que pueda colaborar con el proceso de depuración espontaneo del cuerpo.

Nivel II

En el segundo nivel nos enfocamos en los cuerpos mentales, emocionales y la mente inconsciente, su efecto energético es de alineamiento con los chakras superiores. El equilibrio y la armonía se producen cuando el lado positivo y el negativo están integrados en un mismo ser. El símbolo SEI-HE-KI se usa para la curación de aspectos de la personalidad, mentales o emocionales y trae como beneficio el equilibrio de los hemisferios del cerebro. Nuestro hemisferio cerebral derecho es la parte de éste, responsable de la imaginación, la visualización, los sentimientos, los sueños y la intuición, y funciona de una forma holística manejando la información que contiene de forma paralela, regulando la función de nuestro lado izquierdo del cuerpo.

El hemisferio cerebral izquierdo, se ocupa del razonamiento lógico, racional y deductivo, trabajando de forma analítica y secuencial, paso a paso. Cada hemisferio realiza una función y ambos se complementan entre si, de forma que necesitamos a los dos para lograr una personalidad equilibrada emocionalmente.

Las situaciones de la vida son objetivas y lo único que cambia es como veamos o interpretemos las cosas según nuestro punto de vista, en función de esto tomaremos las cosas de buena o mala forma. Nuestra manera de pensar crea nuestra actitud. Y nuestra actitud crea nuestras creencias que ha su vez crean hábitos.

Todo lo que somos y tenemos ha comenzado por una idea en nuestra imaginación que depende del imaginativo hemisferio derecho, que se ve analizado por la parte racional del cerebro, de esta forma vamos perdiendo paulatinamente la confianza en nuestra mente intuitiva y la usamos cada vez menos.

Trabajando con el SEI-HE-KI y los patrones de creencias, podemos ayudar a vencer las depresiones, la ansiedad y la crisis de angustia que en realidad son desequilibrios de los cuerpos sutiles que han producido bloqueos en los campos energéticos. También si el paciente esta tratando de desahogarse de algún sentimiento y no lo consigue, podemos ayudarle con este símbolo dibujándoselo en el sitio del chakra. El símbolo sirve para tratar dependencias, hábitos no deseados, como tabaco, drogas, alcohol, juego, exceso de comida.

El otro símbolo que se utiliza en este nivel es el HON-SHA-ZE-SHO-NEN. El cual se utiliza para realizar las curaciones a distancia donde se minimiza el tiempo y el espacio para poder enviar energía universal. También potencia los otros símbolos con que se combina.

En el espacio podemos transmitir energía reiki a personas, situaciones o cosas, que no estén presentes. En el tiempo podemos enviar energía sanadora a situaciones pasadas para revivirlas, reinterpretándolas en el presentes para proyectar un futuro mejor.

Nivel III

El tercer nivel de Reiki es una potente herramienta para nuestra evolución ya que podemos actuar simultáneamente en los planos físicos, mentales, emocionales y espirituales. Con el símbolo DAI KO MYO cura el alma. Con el retomamos viejas situaciones que teníamos sin resolver en nuestro pasado, para cambiar la visión de los hechos a través de la energía, aportándole amor, comprensión y aceptación. Se optimiza la función de nuestro cuerpo con la mente y el espíritu, beneficiando el funcionamiento armónico de nuestro consiente, subconsciente e inconsciente.

Dios nos ha creado únicos e irrepetibles por esta razón cada uno de nosotros tenemos cualidades, bondades y caracteres especiales propios, que nos apoyen en cada rol que desempeñamos en la sociedad y en nuestras vidas personales, esto tiene un objetivo común, que es depurar nuestro espíritu hacia las frecuencias de vibración superiores, en la banda del amor y la unidad, que se avanza en este camino conectándonos con la esencia divina que hay en nuestro SER.

El símbolo se conecta profundamente con el corazón, la esencia de nuestro ser, el centro de nuestro cuerpo espiritual. Cuando usamos el Dai Ko Myo vamos a la cuna de la enfermedad o la dolencia. Como ya sabemos, usualmente la fuente de la enfermedad no está en el cuerpo físico, pero puede ser el resultado de emociones no resueltas, del karma antiguo manifestándose en sí, y de herencia genética. El Dai Ko Myo no se utiliza simplemente para aliviar el problema, sino para ayudar a asistir en la modificación de la base real de la molestia.

El DAI KO MIO es un símbolo que solamente es utilizado pro los reikistas que tienen el tercer nivel y la maestría porque es en esos niveles cuando se empodera al receptor o quien recibe la iniciación con el poder de este símbolo y que al mismo tiempo sirve para potenciar a los demás elevando nuestro campo energético y abriendo las puertas a la conexión espiritual.

El reiki III también facilita las experiencias espirituales y el contacto con nuestros maestros guías. Para acceder a esto debemos de elevar y mantener nuestra frecuencia mas elevada de lo habitual, porque tanto los guías, como los ángeles y las entidades espirituales existen en una escala vibratoria mas elevada que la material, en la cual habitamos nosotros. Siempre están a nuestra disposición para cuando los necesitemos y pidamos su asistencia.

Maestría de Reiki

En este nivel se enseña fundamentalmente los procedimientos y las técnicas de sintonización e iniciación para cada nivel de reiki. Las iniciaciones son ceremonias sagradas donde el Maestro invoca a sus guías y maestros para que abra los canales sutiles en los altos planos para la transmisión de los símbolos con una alta potencia energética. Por ello el alumno y el maestro deben prepararse lo mejor posible y adquirir plena conciencia de la ceremonia que se realiza.

En el grado o nivel de maestría se dan dos símbolos mas que se usan en las sintonizaciones. El Raku Tradicional se usa para abrir el aura, el canal central y la línea Hara, de quien va a recibir la sintonización, tiene la forma de un rayo o relámpago que son portadores de energía celeste y yang del fuego que con su fuerza expansiva abre el aura del receptor como una flor para recibir la sintonización. Se traza a lo largo de la columna vertebral de arriba hacia abajo.

El otro símbolo que se utiliza es la Serpiente de Fuego, se usa inmediatamente después del símbolo anterior para potenciar la apertura del canal central y abrir los chakras, por ello su trazado realiza siete curvas, una por cada chakra, finalizando en una semi espiral que evoca la kundalini y que concentra la energía en el perineo o Hiu Yin.

¿Cómo se transmite el Reiki?

A cualquier persona que es iniciada en reiki por un maestro se le aperturan sus canales energéticos para mantener activos los diferentes chakras que funcionan en el cuerpo, los cuales se conectan con la energía universal para poderla transmitir a otras personas, animales o cosas. Las manos y los pies son instrumentos muy potente para recibir y emanar energía.

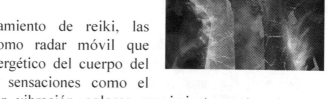

realizar un tratamiento de reiki, las manos funcionan como radar móvil que percibe el estado energético del cuerpo del receptor, recogiendo sensaciones como el frio, hormigueo, calor, vibración, colores, movimientos, entre otras, ya que para cada transmisor puede variar la forma de la manifestación.

En el centro de las palmas de las manos se encuentran unos chakras menores al igual que en la yema de los dedos que se llaman nadis, en los que confluyen la energía que es recibida por el chakra corona bajando por la linea principal hasta el corazón y de allí es distribuida a las manos para ser irradiada al paciente o receptor. La cantidad de energía va a depender única y exclusivamente del receptor que es el único responsable de activar sus canales energéticos de sanación y por ende regulara la intensidad de la energía que recibe.

En el mejor de los casos las personas deberían de tener abiertos y funcionando correctamente todos los chakras del cuerpo para mantener el equilibrio en todos sus aspectos. Si alguno esta cerrado o con defecto o exceso de funcionamiento generara un desequilibrio energético que se reflejara en el cuerpo físico en forma de malestar.

Los reikistas o reikianos (personas iniciadas en reiki) para hacer una sesión de armonización a sus clientes deben de tomar en cuenta las siguientes consideraciones:

✓ Estar en una habitación armoniosa.
✓ Utilizar incienso y vela.
✓ Lavarse las manos antes de cada cesión.
✓ Recostar al paciente en una camilla y arroparlo si es necesario.
✓ Pedir permiso a la persona para hacer el tratamiento.
✓ Centrarte en tu conexión interior y solicitar que la energía fluya a través de ti hacia el paciente.
✓ Se realiza en aunado del Aura haciendo un pase a 10 cm de separación de la persona por todo el cuerpo de arriba hacia abajo.
✓ Se procede a hacer un escaneo de los chakras para verificar su funcionamiento
✓ Se comienzan a colocar las manos en las posiciones para que fluya la energía.
✓ Colocar las manos a una separación entre 5 y 10 cm de separación del cuerpo del paciente.
✓ Mantener todos los dedos de las manos unidos unos con otros.
✓ Cambiar las manos suavemente una por una
✓ Déjese llevar por su intuición para el orden de las posiciones o puede seguir el orden de forma ascendente o descendente.
✓ En cada posición debe estar por lo menos 3 minutos.

Posición de las Manos

Con el conjunto básico de las doce posiciones de mano la mayoría de los terapeutas de Reiki aseguran que todos los canales mayores de la energía y chakras se traten para cubrir efectivamente el cuerpo y el aura. Con el tiempo la mayoría de las personas desarrollan un sentido intuitivo de dónde la energía de Reiki se necesita y puede usar posiciones alternativas o las colocaciones de mano adicionales que siguen esa intuición.

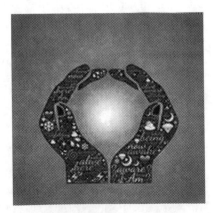

Se dice que Mikao Usui Sensei usó cinco colocaciones básicas de mano y las adicionales de acuerdo con las necesidades específicas de cada cliente. El Dr. Hayashi adaptó el conjunto de las posiciones de mano que nosotros ahora usamos para terapeutas en su dispensario que no habían desarrollado una fuerte intuición.

El toque de Reiki es tan ligero que ninguna presión se aplica y nada en Reiki se parece el masaje, las manos pueden estar ligeramente rozando al cuerpo del paciente o con una separación entre ambos. Las energías a menudo corren por cerca de 3 a 5 minutos en cada posición antes de cambiar. El tiempo en un tratamiento puede variar bastante o poco, pero 40 minutos a una hora son los promedios para un tratamiento completo. La postura es un área a menudo descuidada. Usted estará más cómodo durante los tratamientos si se para con su peso equilibrado sobre ambos pies, las rodillas levemente dobladas, los pies ligeramente separados, meta el extremo de su cuerpo sobre el paciente, apoye directamente, y con los hombros relajados hacia adelante levemente para no tensionar la espalda.

Debajo encontrará un gráfico de las colocaciones de mano y ellas están descritas con todo detalle más adelante. Usted puede mover ambas manos inmediatamente después de entregar la energía hasta la segunda posición, levante las manos lejos del cuerpo pero manteniéndolas en el aura. No las deslice por el cuerpo. Comience gastando un momento con su meditación en la posición gassho o la posición de manos que oran, en el corazón o la garganta, estos enfocan su intención y activan su Reiki.

RAMIRO A. ESCALANTE

Auto Tratamiento de Reiki

POSICIONES DE MANOS PARA TRATAMIENTO REIKI

Tratamiento a otras Personas

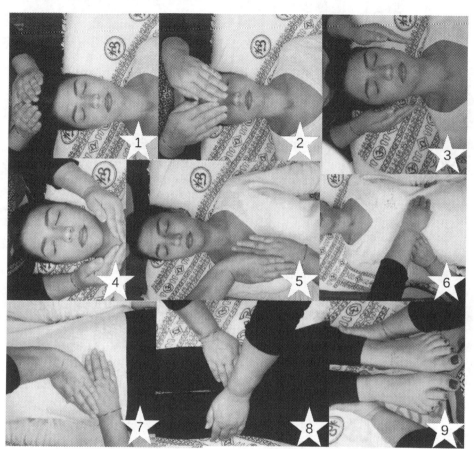

POSICIONES DEL AUTO REIKI

CAPITULO VII

La Mente y la Medicina

$\mathfrak{P}$ara entrar en este tema tan sensible vamos a hacer referencia de uno de los experimentos que tuvieron lugar en el año 1974, en la facultad de Medicina y Odontología de la Universidad de Rochester, donde el psicólogo Robert Arden descubrió que el cerebro y el sistema inmunológico podían aprender o reaccionar dependiendo de los estímulos recibidos al cuerpo. La mente, las emociones y el cuerpo están relacionados entre sí de tal forma que se pudo evidenciar que el sistema nervioso central del cuerpo humano está estrechamente ligado al sistema inmunológico.

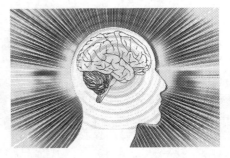

En su experimento con ratas blancas, suprimió las células T con un medicamento, estas son las encargadas de combatir las enfermedades, cada vez que le suministraban la medicina, lo mezclaban con agua edulcorada y sacarina, después de varios meses administrándoles esta sustancia, decidió solamente darle el agua con edulcorante y las ratas aun dejaban de producir las células T, por lo que pudo concluir que el sistema inmune tuvo un aprendizaje. Y las ratas fallecieron porque quedaron indefensas de su sistema inmune.

De igual forma las emociones y el sistema inmune están relacionados íntimamente ya que las hormonas que son producidas por el estrés (adrenalina, noradrenalina, cortisol, prolactina, opiaceos y la encefalina) obstaculiza momentáneamente la resistencia inmune de las personas cuando es por una emoción especifica, sin embargo si esta persona se mantiene en constante estrés la acción puede volverse duradera.

A raíz de este estudio han sido muchos los experimentos que se han realizado para tener la certeza, cada día mas profunda de esta interrelación. Otro estudio confirma que las emociones perturbadoras son dañinas para el organismo. Los hombre o mujeres que experimentaron sentimientos de tristeza, ansiedad, pesimismo, tensión u hostilidad continua, corren el riesgo de contraer una enfermedad, entre ellas están el asma, las alergias, artritis, dolores de cabeza, problemas cardíacos, teniendo en cuenta que pueden variar en función de la magnitud de sus sentimientos.

La ira, la ansiedad y la depresión son emociones importantes a la hora de asociarlas con las enfermedades. En una encuesta realizada a pacientes que sufrieron ataques del corazón, se les pregunto que estado de animo tenían cuando les ocurrió el suceso, el 90% dijo que tenia un ataque de ira y cuando se les pidió que lo recordaran, automáticamente el cuerpo reaccionó de la misma manera poniendose furiosos, en cada paciente encuestado bajo la presión arterial en un 5%, otros un 7% o mas, ya que disminuyo la eficacia del bombeo de la sangre, una escala que los cardiólogos consideran señal de isquemia miacardia, lo que quiere decir que es un peligroso descenso del flujo sanguíneo al corazón.

Esta disminución de bombeo no se observo cuando se puso un estado de ansiedad o esfuerzos físicos a las personas que estaban en el estudio. La ira es una de las emociones que mas daño causa al corazón. Si de vez en cuando aparecen sentimientos de hostilidad en una persona, no hará daño a su salud. Sin embargo, si esta persona se vuelve repetitiva, enmarcada en el resentimiento, la desconfianza y el cinismo, los ataques de ira serán mas evidentes.

Las emociones perturbadoras, como el mal humor, el miedo, el rencor, la preocupación, la depresión son manifestaciones de desequilibrios energéticos que son producto de una vida completamente agitada.

La sonrisa tiene un gran poder transmisor de amor a quien va dirigida, ya que es un símbolo de fraternidad aceptado mundialmente. Al sonreír transmitimos energía amorosa y curativa, el que la recibe se siente reconfortado por ella. La sonrisa y las emociones de alegría influyen en la glándula del timo, que es la reguladora de energía en nuestro organismo, el timo produce células T, cuya misión es detectar y destruir los invasores en el organismo, bien sean virus o celular anormales, si el timo no se estimula y se mantiene funcionando se multiplicarían las células anormales lo que generarían la formación de tumores. Sonriente a ti mismo, aceptándote y queriéndote como eres, ya que con esto te llenas de amor.

A través del reiki las personas pueden encontrar la paz que necesitan conectándose con la fuente universal y así poder equilibrar sus canales energéticos. En cada sección las personas sentirán un regocijo que es propio del amor que se transmite a través de las manos, con varias sesiones el paciente puede mejorar notablemente sus ataques de ira y hostilidad.

Esta terapia es muy beneficiosa ya que estabiliza los campos bioenergeticos de las personas y también puede ser potenciada a través de las herramientas del Coaching ya que todos los sentimientos y emociones que un individuo tienen son productos de sus hábitos o creencias, las cuales se pueden cambiar con los ejercicios mencionados en los capítulos anteriores.

La aceptación es un punto muy importante para soltar el control de las cosas que nos perturban y nos pueden ocasionar ataques de ira, odio o resentimiento.

El remedio para la hostilidad es desarrollar un corazón mas confiado y seguro. Con una buena motivación las personas están dispuestas a experimentar los cambios internos necesarios, cuando están conscientes que su actitud los puede llevar a la muerte.

La ansicdad es producto de las perturbaciones de la vida diaria, las cuales se producen en la mente teniendo como consecuencia un alto nivel de estrés. Los hábitos del cigarrillo, el alcohol, las drogas, los reproches, la prisa, los excesos de comida, la negación del amor a nosotros mismos y al prójimo, se van acumulando en nuestro interior mientras que el cuerpo y el espíritu tienen energía para asimilarlos y no se da cuanta de los efectos dañinos que tiene. Llega un momento que no aguanta mas el cuerpo y se empiezan a ver las enfermedades y las dolencias producto de años de estrés acumulado y abusos de nuestra vitalidad.

Los bloqueos energéticos creados por esta causa no nos permiten disfrutar a plenitud las cosas bellas de la vida, estando en serenidad, paz, alegría y amor se nos abren las puertas del universo. La sonrisa interior comunica a nuestro cuerpo físico, a nuestra mente y a nuestro espíritu.

Basándonos en los principios del reiki que van de la mano con las herramientas del Coaching podremos apoyar a los pacientes a mejorar su forma de ver las cosas ante la vida, teniendo en cuenta que la inteligencia emocional cumple un papel fundamental para que las personas se enfoquen en lo positivo, basado en la esperanza para que los tratamientos, medicinas y terapias puedan tener un mejor efecto.

La medicina tradicional debe ampliar sus horizontes para tener en cuenta el impacto emocional que tienen los pacientes cuando sufren de alguna enfermedad. Apoyar a las personas para que sepan manejar de la mejor manera sus sentimientos perturbadores como lo son la ira, la depresión, la ansiedad y la soledad, así se podría prevenir mayormente las enfermedades.

Beneficios del Reiki en la Medicina

En la actualidad el Reiki es ampliamente conocido en América y en Europa. Después de varios experimentos de como funciona la energía del Reiki en los pacientes, muchos hospitales, clínicas y profesionales de la salud lo están incluyendo como terapia complementaria en todo  tipo de pacientes, que padecen dolor, cáncer, enfermedades terminales o consideradas crónicas.

Como dijimos anteriormente el Reiki equilibra todo el cuerpo en conjunto, incluyendo la mente y las emociones. Durante una terapia, la persona iniciada en reiki que este dando un servicio, no se centra en un área o afección especifica, sino que pone la energía en todos los chakras del paciente para que los beneficios sean en todo el cuerpo, aportando relajación, aumento de la vitalidad, reducción (e incluso desaparición) del dolor, mejora del ánimo, por poner algunos ejemplos.

Es por esta "actuación global" que el Reiki funciona tan bien como complemento para mejorar los resultados de otras terapias o tratamientos llegando, en algunas ocasiones, a áreas a las que otros métodos no alcanzan o no son tenidos en cuenta.

Recibir periódicamente tratamientos de Reiki ayuda a prevenir, reducir el impacto e incluso minimizar otras enfermedades colaterales que se estén produciendo y no se haya manifestado, puede potenciar los efectos del tratamiento, minimizando a su vez los efectos secundarios cuando son tratamientos agresivos. Por ejemplo, acelera la cicatrización de las úlceras y heridas, reduce el riego de hemorragia en las operaciones, potencia el sistema inmune, mejora el tono muscular en zonas con falta de movilidad, relaja los músculos.

En vista que una de las grandes cualidades del reiki esta en la activación del sistema inmune, este se ha usado en personas que tienen alguna enfermedad infecto contagiosa como la hepatitis B o el VIH. Recibir periódicamente sesiones de Reiki activa la respuesta de autocuración y por lo tanto ayuda al organismo a luchar contra la infección.

A modo de ejemplo queremos destacar un estudio publicado por el NHI (Instituto Nacional de Salud de Estados Unidos) realizado en una residencia en Brooklyn (Nueva York) para personas con VIH/SIDA. La experiencia se realizó con personas de más de 50 años que recibieron y/o fueron iniciadas en Reiki durante un periodo de tres años, recibiendo sesiones semanales. Los resultados del estudio reflejaron que el recuento de células-T aumentó significativamente, los participantes describieron una mayor capacidad para hacer frente a las adicciones y vieron una mejora en la curación de sus heridas, entre otros cambios positivos.

Integración del Coaching con el Reiki

Estas dos herramientas que tiene el ser humano se complementan mutuamente ya que su objetivo principal es el crecimiento del Ser, que hay dormido en cada uno de nosotros. A lo largo de todo este capitulo nos hemos dado cuenta que somos responsables de absolutamente todo lo que pensamos, decimos y hacemos, lo que nos hace creadores en potencia de toda nuestra realidad. La realidad que creamos va a depender del enfoque de nuestra vida y es allí, donde se nos presentan las diferentes situaciones que nos hacen crecer. Las personas que tienen una vida complicada, llena de responsabilidades y obligaciones, muchas veces no saben como manejar el estrés y las emociones. Es en este punto donde convergen las herramientas del Coaching y el Reiki, ya que todos los individuos están generando cambios en sus cuerpos, trayendo como consecuencia que las enfermedades se manifiesten en el cuerpo físico.

Los desequilibrios energéticos que sufren las personas son frecuentemente consecuencia de pensamientos negativos, malos hábitos, creencias limitantes, desordenes alimenticios y el estrés que genera cumplir con todos los parámetros que dice la sociedad, la familia y el trabajo.

Estos desequilibrio empiezan a generarse muy sutilmente en los campos energéticos que están rodeando al cuerpo físico que son el campo mental, el campo emocional y el campo etérico. Cada uno de ellos tiene una fuerza vital que se va debilitando a través del comportamiento de las personas, con el pasar del tiempo experimentamos sentimientos y emociones, generando cambios de humor que trae como resultado el desorden de las sustancias químicas que regulan nuestro cuerpo. Cada vez que padecemos de un ataque de ira, rabia, cólera, desanimo, tristeza, o cualquier sentimiento o emoción perturbadora, experimentamos (sin darnos cuenta) que nuestro sistema inmunológico varíe la producción de células T, las cuales se generan en la glándula conocida como el Timo que esta ubicada en la parte superior central del pecho, estas células son las encargadas de combatir las enfermedades, o dicho de otra forma son las células que combaten a los agentes externos que quieren entrar a nuestro organismo. Es uno de los pilares de nuestro sistema inmunológico, junto con las glándulas adrenales y la espina dorsal, está directamente conectado a los sentidos, la conciencia y el lenguaje.

El timo crece cuando estamos **alegres** y se empequeñece a la mitad cuando estamos **estresados** y aún más cuando estamos **enfermos.**

Por esta razón es tan importante incorporar la destreza de la inteligencia emocional en nuestra vida, aprender a aceptar las cosas y tomar conciencia de que somos creadores de la totalidad de lo que nos sucede, incluso hasta nuestras enfermedades.

En este punto cuando salen las enfermedades es que el cuerpo manifiesta de forma abrupta que lo estamos maltratando con la forma de conducir nuestra vida, es allí cuando damos un alto para ver hacia adentro. Internalizar porque me esta sucediendo esto o aquello que me genera esta enfermedad. Muchas veces estamos en automático y no nos damos cuenta todo lo que nos dañamos a nosotros mismos.

Con frecuencia podremos recurrir a un doctor para que nos de una pastillita, pero las enfermedades persisten porque la medicina tradicional solo va a la manifestación del problema, atacando los síntomas que el paciente tiene, pero no va a la raíz. Con esto no quiero pretender dejar de lado los avances y tecnologías científicas de la medicina tradicional. Pero si hacer un alto en la forma de aplicarla. Incluyéndoles las herramientas del Coaching y el Reiki como apoyo para sacar lo mejor de un paciente que tiene el deseo inmensurable de manifestar la salud en su vida.

A través de este capitulo haremos ciertos ejercicios y propuestas de como mejorar la salud de un paciente, teniendo en cuenta que todo es mente, cambiando y transformándonos haremos lo posible para lograrlo.

Una de las primeras formas de motivar a una persona que tiene algún padecimiento o enfermedad es mejorando el autoestima. Para esto deben estar presente tres factores importantes.

La Posibilidad: enfrentar al paciente con sus miedos para que los pueda transformar. Saber que es posible su curación, confiar en sus pensamientos y deseos. Tener a la mano toda la información posible del funcionamiento del cuerpo y lo que produce la enfermedad para generar el cambio.

La Capacidad: es la fuerza interior que tiene cada individuo para vencer los obstáculos y lograr su propósito. El coach transforma tu forma de expresarte, lo que traerá un cambio en la forma de pensar para luego dar paso a nuevas creencias positivas o potenciadoras.

El merecimiento: es la actitud de valoración que te dice que te mereces estar sano y disfrutar de una vida plena.

Cambia tu forma de Pensar

✓ **Convierte lo negativo en positivo:** Por ejemplo si tienes alguna dolencia o malestar, concientisalo y dale la orden al cuerpo que te sientes bien, que cada momento que pasa te sientes mejor y adquieres mas salud.

✓ **Abstenerse de las generalizaciones:** los casos de otros pacientes no los tomamos en consideración para generalizar los posibles resultados.

✓ **Enfocarnos en lo positivo:** cuando la enfermedad se manifiesta tenemos que ver el porque esta allí, que nos la esta generando para poder cambiar nuestras actitudes, enfocándolo en lo positivo.

✓ Hacernos consciente de los logros y éxitos: aquí nos enfocamos en los avances de mejoría que el paciente halla tenido. Por ejemplo normalización de valores de la glicemia o el colesterol.

✓ **Abstente de compararte:** por lo que eres una persona única, ningún organismo es igual que otro ni reacciona de igual forma.

✓ **Confiar en si mimo:** nuestras capacidades y aptitudes son nuestro mayor guía para hacer las cosas de la mejor manera posible.

✓ **Aceptarse tal cual somos:** integrando nuestras actitudes positivas con la aceptación de las negativas, entremos en la valoración para aceptarnos.

✓ **Esforzarnos para mejorar: si estamos conscientes de que hay algo en nuestra interior que no nos gusta, lo podemos cambiar, solo hay que tomar conciencia de ello y hacer lo posible para lograrlo.**

Muchos de ustedes pensaran que esto suena descabellado pero es como funciona nuestra mente. Voy a hacer referencia a un estudio que se realizo en 1962, un grupo de investigadores en Japón expusieron a 13 niños al veneno-hiedra (famosa por su capacidad de producir un irritante para la piel que ocasiona dermatitis, inflamación y comezón). Todos estos niños eran muy alérgicos a la planta. Los investigadores frotaron una hoja inofensiva en el antebrazo de cada niño, pero afirmaron que era veneno-hiedra. Luego frotaron el otro antebrazo con el veneno-hiedra, pero dijeron que era otra cosa. Los resultados fueron sorprendentes. Todos los niños desarrollaron una erupción en el antebrazo donde se había frotado la hoja inofensiva, mientras que 11 de los 13 no desarrollaron ninguna erupción en el brazo expuesto al veneno-hiedra. Los niños en este estudio cambiaron el resultado "predecible".

Su nueva experiencia ya no estaba dictada por una experiencia pasada. En el instante en que aceptaron, creyeron y se entregaron a la idea, sin ningún análisis, de que la hoja era benigna o tóxica, su nuevo nivel de sugestionabilidad cambió la forma automática de reaccionar de su cuerpo.

decir que la idea de la hiedra venenosa siendo benigna fue un estímulo mayor que la exposición a la hoja potencialmente nociva, y viceversa. Afortunadamente, si podemos usar nuestra mente para dañarnos, también podemos usarlo para sanarnos a nosotros mismos.

En lugar de miedo o ira, ¿qué pasaría si creamos un estado emocional basado en la gratitud, motivación y empoderamiento?

Los principios del Reiki nos pueden apoyar para que las personas tomen conciencia de ir cambiando su forma de actuar y enfocarse en su crecimiento. Todos ellos nos invitan a que día a día tomemos conciencia de cada uno de ellos hasta que los hagamos una costumbre y formemos una actitud ante la vida diferente.

1.- Solo por hoy no te enojes:

Tu paz es interior y nada te puede perturbar si te mantienes en el centro de tu corazón. Nada ni nadie te puede hacer daño si no lo permites. El querer siempre tener la razón y controlar todas las situaciones generan una frustración muy grande cuando no corresponde con lo que queríamos o deseábamos generándonos desequilibrios emocionales.

2.- Solo por hoy no te preocupes:

En cada situación tenemos que actuar en el momento exacto en que se esta produciendo el evento o la necesidad ya que pensar en lo que podría suceder nos genera estrés. Actuar desde la confianza, el amor y estar consciente de que todo lo que sucede es para un aprendizaje nos quita el peso del miedo.

3.- Solo por hoy da gratitud:

La gratitud por todo lo que somos, tenemos y hemos recibido es el estimulo que envuelve nuestro espíritu para seguir avanzando, a través de cada paso que damos nos sentimos mas seguros en nuestras capacidades para poder superar las continuas dudas, miedos y temores que se nos presentan en nuestra vida.

4.- Solo por hoy trabaja honestamente:

Cuando estas en conexión con tu esencia interior y te desempeñas en un empleo que te satisface como persona y profesional, te mantienes en un estado de felicidad tal que llena tus expectativas emocionales y puedes dar lo mejor de ti para desarrollarlo.

5.- Solo por hoy se amable con los seres vivos:

Todo ser viviente, ya sea animal, persona, planta o cosa es merecedora de nuestro respeto, amabilidad, compasión y amor. Cuando tomamos conciencia de esto proyectamos hacia nuestro entorno sentimientos armónicos con energías positivas y los mismos serán devueltos multiplicados.

Uno de los principales escollos con los que se encuentra una persona que ha sufrido durante mucho tiempo una enfermedad grave o que tiene un diagnóstico poco favorable es el trastorno emocional que ello supone. Ansiedad, depresión, irritabilidad, aislamiento, miedo, etc... estados emocionales que no favorecen la recuperación e incluso, aceleraran el desarrollo de enfermedades como el cáncer, la fibromialgia o el VIH.

Recibir Reiki de forma regular ayuda a estas personas a sentirse más relajadas, a reconciliarse con la situación que están viviendo y a poder gestionar todas esas emociones asociadas. Al mejorar el estado de ánimo, hormonas relacionadas con el estrés como el cortisol o la adrenalina, van regulado su nivel en la sangre. Esta mejora en el estado bioquímico permite que el sistema inmunitario se reactive, el cuerpo se ponga en "estado de reparación", el sistema digestivo y el hígado funcionen correctamente, mejoren las capacidades cognitivas, la vitalidad, etc.

Una reflexión para cuando nos levantemos en la mañana y nos veamos al espejo:

Hoy quiero ser Feliz.!

Quiero vivir este día con entusiasmo, con decisión y con una firme confianza.
Hoy mi entusiasmo tendrá dos alas: la persistencia y la alegría.
Sé que la vida está llena de milagros para los que creen, aman y esperan.
Por eso, en lugar de concentrarme en lo negativo, hoy voy a valorar todo lo bueno y a fortalecer mi fe y mi esperanza.
Recibo este hoy con una actitud de fe, con mucha confianza en mí mismo y con un espíritu resuelto.
Quiero que la Energía Divina se sienta en mis pensamientos, en mis palabras y en mis acciones.
Quiero asumir con entusiasmo mi labor y ver en cada dificultad un desafío, no una barrera.
Quiero tomar todo lo bueno que me ofrece la vida, sin malgastar fuerzas en la queja o el derrotismo.
La fe y el amor van a ser mis aliados y van a permitir que disfrute al máximo cada hora y cada minuto.
Hoy quiero ser feliz..!!

Anónimo

Las frases de empoderamiento, enfocadas en la salud también es una forma de fijar en nuestra mente los resultados que deseamos. Por ejemplo:

Yo soy la salud perfecta
Mi sistema inmunológico se potencia cada día mas.
Mis células T se producen con mayor rapidez.
Cada día que pasa me siento mas saludable.
Las células de mi cuerpo están llenas de luz, amor y sanación.
Mis órganos funcionan a la perfección.
Mi organismo asimila positivamente mis medicinas.

¿Usted quiere saber cómo está su cuerpo hoy? Entonces recuerde lo que pensó y sintió ayer. ¿Quiere saber cómo estará su cuerpo mañana? ¡Observe sus pensamientos y emociones hoy!

La clave de tu salud y el logro de tus metas esta en tu mente, toma la decisión de ver la vida con todo lo bello que la contiene, porque Dios la hizo perfecta, así como deberían ser tus percepciones hacia ella.

Solo cuando estas realmente conectado con tu esencia manifestaras las bendiciones que el universo quiere para ti de forma mas rápida.

Animo........

... El Universo es ilimitado.

Testimonios

A lo largo de todo mi aprendizaje como Master Reiki he tenido la posibilidad de ver grandes avances y cambios a nivel personal y de salud en diferentes personas que han llegado a mi vida para apoyarlos en sus diferentes procesos, los cuales han sido acompañados con diferentes técnicas de coaching para potenciar dichos cambios.

Por esta razón he querido compartir unas palabras espontaneas de cada uno de ellos de como ha influenciado el reiki y el coaching en sus vidas.

Testimonio 1

Cada vez que estoy consciente del bienestar, como parte de mi vida, entendiendo que la felicidad la tengo al alcance de mi mano, no me queda otra que el agradecimiento infinito, a todos esos ángeles (amigos, maestros, familias, personas que ni siquiera conocía) que me enseñaron a ver y vivir ese camino espiritual, que en algún momento escuchamos, como algo muy bonito, y muy lejos de alcanzar y no nos damos cuenta que, simplemente, comienza empezando a respirar.

Hace aproximadamente unos 7 años, cuando, por situaciones de la vida, en ese momento, tu mundo se oscurece, predomina el dolor, la rabia, la tristeza, la impotencia, y al cabo de los días se me presentan dos opciones: o sigo en ese mundo de tinieblas, incertidumbres, odios, rencores o simplemente me permito escuchar, dejándome llevar por esas voces de amigos, familiares, gente que tienes a tu alrededor y comienzo a involucrarme en hacer algo distinto.

Dos días después, sin saber que es y rompiendo esquemas de los cursos y paradigmas sobre lecciones de vida, entro en los Seminarios

Insight (talleres de coaching y crecimiento personal) donde empiezo a entender que el que decido que vida llevar, soy YO y es AHORA.

Empiezo a entender que ante los diferentes retos y desafíos que se me presentan en la vida las respuestas no están afuera en el exterior sino dentro de mi, y a observar como soy, que decisiones tomo, como reacciono y como asumo responsablemente el compromiso de vivir mi vida, empiezo a entender que para lograr resultados distintos en mi vida debo de hacer cosas distintas, tan sencillo como descubriendo lo que me funciona y haciendo mas de eso y haciendo menos de lo que no me funciona, manteniéndome dispuesto a hacer cosas nuevas, y entender que el mejor juego de la vida es ganar ganar y el poder curativo de perdonarme, va creando en mi, un mundo nuevo, magnifico, lleno de luz, y te das cuenta que irradiando luz esa luz se expande.

Después de 4 años realizando talleres y haciendo servicios en estos seminarios comienzo a escuchar sobre el Reiki, y un año y medio después, realizo mi primer taller de Reiki 1, teniendo actualmente el Master en Reiki y Gendai en Reiki Ho, paralelamente y con ayuda de todas estas herramientas empiezo a entender mi vida espiritual y me permito entrar en las meditaciones.

Al día de hoy, que tengo?, gracias a ese primer respiro de decir, que hago?, abriendo mi mano veo que:

Aprendo a resolver conflictos interpersonales: culpas resentimientos. Manejo de las elecciones y la actitud, desarrollo de una actitud positiva. Aumento en el nivel de compromiso. Desarrollo de la aceptación y tolerancia. Uso de los recursos personales para el logro de metas. Mayor autoestima. Mayor valoración personal.

Mayor claridad en el enfoque de mis metas, objetivos y propósitos. Mayor responsabilidad y habilidad para resolver problemas. Mayor conciencia de las formas de compartir amor. Vivir, con mayor balance y equilibrio. Centrado en el corazón, vibrando alto. Comunicaciones efectivas. Dar y recibir Feedback. Mayor disposición a cooperar en equipo. Mayor empatía. Actitud de gratitud.

Hoy honro mi camino en el amor y la luz Reiki significa estar en contacto con el Ser con la sabiduría interna que permite crecer y vibrar en frecuencias del amor En estos años de transitar el camino del Reiki, he descubierto concretamente, como utilizar esta poderosa herramienta, que nos pone la energía del universo en nuestras manos, mente y corazón, para poder aplicarla en todo orden de nuestra vida.

Más concretamente a la hora de mejorar las relaciones de pareja, familiares, concentrarse para alguna tarea especifica, mejorar el entorno laboral, educativo, como así también, estudiar, cocinar, componer, trabajar la tierra, y sobre todo conectarse con la realidad sin "sufrir", brindando desde cada uno lo mejor en cada momento, porque la vida es la suma de cada momento único e irrepetible, por eso debemos hacer todo lo que este a nuestro alcance para mejorar, porque si mejoramos nosotros, mejora el entorno, la familia, el mundo, y eso finalmente es lo que buscamos, vivir en un mundo cada vez mejor, donde el Amor, la Verdad El Reiki también mejora mi calidad de vida en el campo de la energía espiritual protegiéndome y haciéndome consciente de la gran responsabilidad que lleva el uso de la conciencia, que la vida es una disciplina y como tal tiene sus reglas fundamentales y principios donde al día de hoy siguen y seguirán siendo mi columna de vida, agradezco a Dios por enseñarme a ver el ser humano maravilloso que soy y entender que amar al prójimo es lo más grande que puede dar un ser de luz y que el que decido, que vida tener, soy YO y AHORA.

Gracias a la vida!

Enrique Ladrón de Guevara Reina
Licenciado en Ciencias Economicas / Master Reiki
Seville, Spain

Testimonio 2

Mi camino por el Reiki comienza por un llamado interior, me encontraba en la búsqueda de algo que llenara mi vida y que pudiera ser abierto a cualquier religión u opinión, sin juzgar, sin imponer, el Reiki se manifestó en mi vida con voz de ángel y en ese instante sentí que era mi momento y que aquello que estaba escuchando lo deseaba para mí.

De inmediato busqué los medios para empezar y todo comenzó a fluir hasta llegar a la maestría Reiki, en momentos en los que cada 4 meses me mudaba de país y pudiera ser un poco complicado comenzar y continuar, pude lograr subir escalón por escalón, porque así debía ser. Desde mis inicios me he sentido bendecida, llena de luz, plena y segura de que todo aquello que te propones llegará a ti cuando sabes que pertenece; acompañada por mi coach y mi grupo, hemos construido una familia de almas, donde nos asistimos unos a otros cada vez que alguien así lo requiere.

El Reiki ha tocado mi vida y nunca volverá a ser igual, ya que una puerta se abrió a un maravilloso mundo en el cual todas mis experiencias las vivo intensamente y acepto tal como son, permitiéndome crecer en afinidad y compasión hacia mí misma y hacia los demás seres. Mi vida ha cambiado, mi salud ha sido beneficiada, mi aspecto físico también y cada una de las cosas que me ha tocado vivir se convierten en experiencias llena de aprendizaje y transformación, para hacer crecer el amor que ya sabía que existía pero que nunca me imaginaba aprender técnicas milenarias para lograr sanarme y sanar a otros a través de la mano de mi coach.

Tener un coach no es solo tener alguien que pueda guiarte, es alguien que puede llegar a mostrarte lo mejor de ti sin decirte cómo hacerlo, sino enseñándote herramientas que te ayudarán; es llevarte de la mano y dejarte la responsabilidad de transformar todo aquello que eres en todo aquello que deseas, con la sutil manifestación de su experiencia para demostrarte que eres capaz de llegar a donde no imaginabas que podías llegar.

Hoy en día practico el Reiki a diario y se manifiesta en mi vida de diversas formas y colores, llevándome a vivir las más maravillosas experiencias logradas con amor, aceptación y agradecimiento sincero.

Anabel Chacin B.
Ingeniero de Materiales / Master Reiki
New York, EEUU

Testimonio 3

El Reiki, significa para mi, un camino elegido en compromiso amoroso y compasivo hacia mi misma y los demás. Su conocimiento profundo y manejo sostenido y permanente durante algunos años, me permite afirmar que el mismo cambio mi vida en muchos sentidos.

Básicamente, contar con este conocimiento que se deslinda de cualquier creencia, más bien es un estilo de vida para de transitar en paz y armonía, respetándonos y respetando a todos y a todo lo que forma parte de nuestro entorno, aprender a reconocernos como seres poseedores de una riqueza energética que nos corresponde al sabernos hijos de

Dios y reconocer que esta energía universal nos pertenece por derecho, reconectarnos con ella, activarla y mantenernos vibrando en esa altísima frecuencia, una vez que somos iniciados en ella, nos permite, descubrir en nosotros un potencial incalculable.

Siempre digo, que me enamoré del Reiki por su simplicidad, su fácil manejo y su trascendente función. Saber que no necesitamos mayor cosa para aportarla, es una bendición poder utilizarla efectivamente en cada requerimiento propio o de alguien mas, en cualquier situación que lo amerite.

Poder ayudar auto sanar y sanar, trasmitir equilibrio, armonía, amor y todos los mas altos fines de Dios, me hace agradecer inmensamente la fortuna de prepararme en esta herramienta para la vida.   Su alcance, está por encima de cualquier percepción humana. Los cambios, siempre en positivo, que ocasiona esta energía inteligente y amorosa, hace que aprendamos a abordar la vida y sus episodios, desde nuestro centro y poder; aprendiendo a soltar, fluir y confiar en que todo cuanto nos ocurre es para bien; para crecer, evolucionar y ser cada vez, mejores versiones de nosotros mismos.

Quizá, de primer momento, no veamos materializados los cambios que deseamos, pero esta energía expansiva en amor y elevado poder de gratitud, va haciendo su trabajo en nosotros y en nuestro entorno. De allí la valiosa importancia del autoreiki, hacernos el autoreiki diario, nos mantiene vibrando alto y conectados con la rata vibratoria de Dios/Padre, entonces, nos sentimos protegidos y nuestros centros energéticos (Chakras), fluyen armoniosamente, sustentando nuestra salud física, mental, emocional y haciendo mas certero nuestro camino espiritual como seres más despiertos y en verdadero compromiso de amor incondicional.

El uso del Reiki, ha cambiado mi vida en muchos aspectos, he aprendido a mantenerme centrada en mi poder interior y a estar más atenta a todo cuanto siento y a la manera de abordar mis circunstancias externas, he ido sanando y he ayudado a sanar a otros. Son muchos los casos en los que visto los cambios en positivo de personas que han revitalizado su salud física, mental y espiritual. Al armonizar nuestra energía interior, todo fluye con mejor disposición y optimiza la eficacia de los resultados.

El Reiki, es una terapia alternativa que ayuda a superar enfermedades de cualquier tipo, sin dejar de lado los aportes de la medicina tradicional, apoyar los tratamientos médicos con esta terapia, se observan cambios mas profundos y rápidos. Además, de hacer de nosotros, quienes lo practicamos, seres despiertos, compasivos, respetuosos y amantes de la paz. Estamos, formados bajo principios universales que nos proporcionan la hermosa capacidad de desenvolvernos en el mundo actuando en servicio de amor incondicional hacia nosotros mismos y todo aquel que lo requiera.

Durante años, gratamente participe del despertar de muchas personas y observar felizmente los cambios en sus vidas. El Reiki, es un maravilloso legado para la humanidad, nada me produce mas plenitud que ejercer su fuerza y poder....de sentir que puedo ayudarme y ayudar a muchos a ser seres mas despiertos y felices..!!! Sólo, me resta solicitar a Dios, nos permita continuar siendo faros de luz, para iluminar más y más este precioso planeta, todos sus rincones y a todos sus habitantes, haciendo de el un lugar más amable para todos!

Namaste

Milagros Blanco
Psicopedagoga / Master Reiki
Caracas, Venezuela

Testimonio 4

Hace casi cuatro años, no por casualidad sino por causalidad llegue a un taller maravilloso. En ese momento no sabía de qué se trataba exactamente; sin embargo al escuchar a los maestros que estaban dando su sentir a cerca de lo que era el Reiki, supe que yo llegaría a lo que pensé seria el final de una formación, llegar a ser maestra de Reiki.

Así que allí, en ese preciso día, comenzó mi andar por un camino maravilloso, un camino de transformación profunda, en el que poco a poco se van tomando conciencia de lo que somos realmente. El Reiki trajo a mi vida, amor, compasión, mayor nivel de tolerancia, aceptación de mí misma a hacia los demás.

El Reiki, se convirtió en una forma de vida, una manera de vivir, el paz, en conciencia de cada sentimiento, emoción, lo que me ha permitido aprender a manejarlas, transformarlas, eso me ha dado alegría, placer, dicha plena de la vida misma. Cada vez que me conecto a conciencia con esta maravillosa energía, lo que se manifiesta en mi interior es un sentimiento de dicha plena. De "completitud" como dice mi amada maestra.

En mi día a día, el Reiki me a permitido ser observador de mis procesos y de los procesos de los demás, sin juicios, en aceptación, entendiendo que todo es perfecto, tal cual se presentan. Que no existe el hubiera. Pero si el aquí y el ahora. Comprendiendo que es la mejor y única forma de vivir.

El Reiki, me hace comprender, que cada día es una nueva oportunidad para hacer las cosas y lo más maravilloso que por los niveles de conciencia alcanzados, cada vez lo trato de hacer mejor, transformándome en la mejor versión de mí misma cada día. Siento un profundo agradecimiento con Dios y con la Vida, por tener un mis manos una herramienta como el Reiki.

Ame, amo y amaré el Reiki, lo que ha representado en mi vida y lo que seguirá generando en mi.

Namaste........

Maria Eugenia Hernandez
Psicopedagoga / Master Reiki
Caracas, Venezuela

Testimonio 5

Crecí en una familia hermosa, originada por dos inmigrantes europeos que trabajaron desde muy pequeños para poder sustentarse, quienes bajo lluvia y sol no descansaron para hacer de sus tres hijas, tres profesionales, formaron una familia en donde sembraron sin lujos ni bienes materiales, valores, respeto y los principios necesarios para ser felices y buenos seres humanos.

La lectura siempre me ha gustado y me he inclinado por temas holísticos, como por ejemplo el manejo de la energía del cuerpo, los chacras, temas relacionados con astros, los Angeles y sobre el sanar a través del Reiki entre otros.

Para el año 2007 nos informan que a mi mamá había que hacerle un cateterismo por una cardiopatía severa que presentaba, este tema nos descontroló como familia por el temor y duda sobre el procedimiento, alguien al notar mi preocupación me sugirió que la llevara a hacerle Reiki para equilibrar sus chacras y hacerle sanación, lo cual hice, me recomendaron una persona que se presentó como Master Reiki.

Pudiendo convencer a mi mamá la llevé a realizarse esta terapia, su experiencia fue maravillosa, salió con lágrimas en sus ojos porque sintió la presencia de su Santo al cual pedía por su salud todas las noches, San Michelle Arcangelo como ella lo llama, de ese cuarto salió convencida que todo saldría bien porque así lo había sentido, estaba como renovada, su cara era otra, luego de tres sesiones más se realizó el procedimiento y todo salió perfecto.

Un año después, mi hijo mayor con casi 5 años de edad se clavó en el talón del pie derecho un zarcillo mientras realizaba sus clases de natación, esto trajo como consecuencia que le saliera una Verruga Plantar conocida como Virus del Papiloma Humano o VPH, el cual fue sometido a una extracción y curetaje de la verruga para poder eliminar este virus.

Esto no funcionó como se esperaba, todo lo contrario comenzó a extenderse por todo el talón hasta el punto de tener que someter al niño a una cirugía menor en quirófano, desde que recibimos esa amarga noticia comencé a buscar a la Master Reiki que había atendido a mi mama en busca de ayuda pero no fue posible ya que se había marchado fuera de Venezuela.

Busqué por internet como podía aplicar Reiki a mi hijo y así lo hice, me deje llevar por el amor incondicional de madre y todas las noches con un aceite de ricino que tenía en casa me concentraba en mi respiración y pedía a mi Yo superior, es decir a Dios que pusiera sus manos sobre las mías y permitiera que mi hijo sanara y así fue, cuando volví a consulta con la Dermatólogo me preguntó qué había ocurrido y solo le dije: Dios y mi amor Doctora.

Un día dije: tengo que estudiar esta herramienta tan maravillosa y comencé a averiguar en donde podía hacerlo ya que tenía buenas experiencias relacionadas a la sanación y así lo hice, para el 2010 ya me había graduado de Maestro Reiki en la Escuela de Reiki de Venezuela dirigida por la maestra Nieves Avellan, a quien honro y agradezco infinitamente, me enseñó las técnicas del Reiki, como colocar las manos para canalizar la energía de Dios, como concientizar lo que soy, a reconocer la Divinidad que hay dentro de mí y poder canalizarla para el bien mayor, a ser congruente en el día a día con mis pensamientos, mi palabras y mis acciones para ser un canal de luz que pueda ayudar a todo aquel que lo requiera, aprendiendo a recuperar y mantener el equilibrio en diversas situaciones.

Con las enseñanzas del Reiki a través de estos años, he tenido la oportunidad de sanar a través de él, no solo físicamente, sino en el plano emocional y espiritual, por ejemplo puedo citar que desde el 2012 padezco de un Pinzamiento acetabular de cadera izquierda referido a Cirugía, el cual ha mejorado poco a poco sin requerir intervención, otro ejemplo a mencionar ha sido atajar a tiempo mis emociones para evitar consecuencias, en cuanto a carácter, empoderamiento, concientización de mi esencia, paciencia, saber escuchar, entre otros.

Cada vez que se me es requerido he aplicado REIKI para el bien Mayor de las personas, he podido ayudar mis hijos, a mi esposo recién operado de un Adenocarcinoma Prostático, a mi familia y amigos para conseguir su sanación o equilibrio necesario, siempre con el permiso de Dios Padre.

Puedo asegurar que mi vida ha tenido un antes y un después con El REIKI!!!!!

Antonietta Fabiano
Ingeniero en Sistemas / Master Reiki
Caracas, Venezuela

Testimonio 6

Me inicio en el Reiki, por curiosidad y por el gusto de aprender algo nuevo, sin saber que ésta disciplina marcaría un antes y un después en mi vida. Me encontraba en una de las etapas más tristes de mi camino, habiendo sido desde niña siempre muy tranquila, feliz e inmersa en mi mundo de fantasía. Si bien con un bagaje de ricas y positivas experiencias de juventud, pasando más tarde por la decepción de un divorcio y un par de otras relaciones poco acertadas; la sensación de sin rumbo, soledad y tristeza, me llevan a elevar un pedido de auxilio que me prepara a acoger ésta enseñanza sagrada con tal apertura, pureza, devoción que resuena enseguida en mi alma como si ya la conociera.

Esta práctica simple que aplico cada día, poco a poco cambia mi vibración, hecho que compruebo en un nivel de conexión con mi ser, al punto de afirmar: "ahora ya no me siento sola, estoy conmigo", conexión con los demás y con toda la creación. De ser una persona nada conectada con los animales paso a sentir amor por los perros que ahora se acercan a mi tranquilamente. Debo decir que el Reiki representó una herramienta consistente para salir del estado depresivo en el que me encontraba. Una recarga de energía divina, que me ha sanado poco a poco y sigue haciéndolo. Otras de las bondades de esta práctica, ha sido la posibilidad de dar servicio, a medida que se la da, también se incrementa el beneficio.

Son muchos a éste punto los beneficios que me hacen sentirme agradecida : la mejora de mi salud respecto al cuadro de trastorno con la tiroides, un mayor estado de paz, la conexión con mi interioridad y el estado de alerta y consciencia. En consecuencia una mayor seguridad en mi misma. Empoderamiento. Confianza en la vida. Mayor enfoque y determinación para con los objetivos trazados.

Tiempo después como parte del camino de búsqueda de mi misión de vida, me certifico recientemente como Coach Transpersonal, una experiencia maravillosa de profundo trabajo personal, despromagación de creencias limitantes, un camino que sigo transitando y que me proporciona nuevas herramientas para relaciones funcionales, comunicación asertiva, que aunado a la práctica del reiki y la meditación me llevan a construir relaciones conscientes partiendo de la primera relación que es conmigo hacia el otro, "como es adentro es afuera" en amor profundo.

Gracias!

Giannina Maria Brocco
Coach Transpersonal / Master Reiki
Caracas, Venezuela

CONCLUSIONES

A través de la investigación realizada para dar respuesta a la encuesta que se hizo para sondear el conocimiento de hombre y mujeres, en edades comprendidas entre 25 y 60 años, se pudo concluir que muchas personas están consciente de que a través de las responsabilidades cotidianas de la vida, han perdido el enfoque de la misma, muchos de ellos no saben por donde comenzar y es aquí donde les digo que poniendo en práctica las herramientas del Coaching y potenciadolas con el amor de la energía universal podremos ir cambiando y transformando los patrones de pensamiento y conducta en los seres humanos, efocándonos en el amor, la alegría y los buenos sentimientos podremos traer bendiciones a nuestra vida.

> **"La esencia magnifica abarca todos los mundos y a todas las criaturas, buenas y malas. Y es la verdadera unidad. Entonces ¿Cómo puede conciliarse el antagonismo del bien y el mal? En realidad no existe antagonismo, porque el mal es un trono del bien".**
>
> **Baal Sem Tob**

La conexión interior de cada uno de nosotros es fundamental para el desarrollo y crecimiento, cuando nos analizamos y tenemos en cuenta las cosas buenas y las malas que hacemos, tenemos la potestad de integrarlas para actuar en conciencia y poder hacer las transformaciones necesarias de forma y de fondo en nuestra mente. Todo absolutamente todo esta contenido en nuestra mente, a la cual le hemos dado la potestad de dirigir nuestra vida, a través del ego, construimos empresas, imperios, compramos viviendas, carros de lujo, joyas y viajes, todas estas cosas nos dan la felicidad momentánea, en mis cesiones de coaching me he dado cuenta que muchas personas que tienen todos estos bienes están vacías por dentro y tienen una gran soledad interior. Es por ello que con las herramientas potenciadoras del Coaching y el trabajo energético de equilibrio a través del Reiki, las personas abren los ojos a un mundo de posibilidades, cada quien decide en el momento y en el tiempo que lo quiere hacer. Es tiempo de sentirnos fuertes y poderosos, el mundo entero esta a nuestra disposición para que logremos nuestras metas, solo con el enfoque perfecto lo lograremos, el éxito esta en nuestras manos y sobre todo en nuestra mente. Solo tienes que decidirlo...

El mundo perfecto y armonioso que tanto anhelas lo puedes construir, siendo ejemplo de las cosas que quieres, actuando consecuentemente con lo que piensas, sientes y hablas. De esta forma se abren mas rápido las puertas del cielo, o mejor dicho, atraemos en conciencia lo que nos hace felices, dejando de lado el luchar contra la corriente y confiando que todo es perfecto.

Aceptar las situaciones donde nos deja un aprendizaje, enfocándonos en lo positivo y sobre todo dándonos la oportunidad de cada día ser mejores.

El Coaching saca eso que tenemos y no sabemos de nosotros, descubriendo, transformando y explotando al máximo todas las cualidades internas que tiene una personas. Entre las que podemos mencionar: la creatividad, la fortaleza, la constancia, la perseverancia, la toma de decisiones, la aceptación y el valoramiento propio, el empoderamiento y la determinación.

Ese diamante que hay dentro de ti lo puedes pulir poco a poco en consistencia, dando paso a paso en la evolución y el crecimiento de nuestro Ser. Explorando tus miedos puedes tener la capacidad de convencerte de que eres capaz de lograr lo que te propongas porque tu valor no tiene precio, eres importante y te mereces todo lo bello de esta vida.

El Autor

ANEXO I

RESULTADOS DE LA ENCUESTA (RESUMEN)

¿Conoces tu lado bueno y no tan bueno? 62/62

SI	41 (66%)
NO	21 (34%)

¿Venciendo tus miedos llegarías al éxito? 62/62

SI	54 (87%)
NO	8 (13%)

¿Cada persona vive en su mundo según sus creencias? 62/62

SI	45 (73%)
NO	17 (27%)

¿Toda Persona puede elegir? 62/62

SI	48 (77%)
NO	14 (23%)

¿El merecimiento esta condicionado por la auto valoración? 62/62

SI	46 (74%)
NO	16 (26%)

ANEXO II

¿Venciendo tus miedos llegarías al éxito?
Respuestas totales: 62

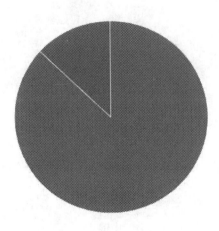

SI: 54   NO: 8

ANEXO III

¿Cada persona vive en su mundo según sus creencias?
Respuestas totales: 62

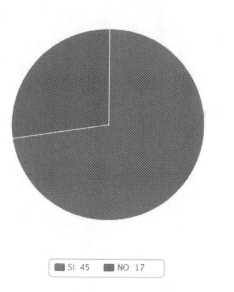

SI: 45   NO: 17

ANEXO IV

¿Toda Persona puede elegir?
Respuestas totales: 62

SI: 48   NO: 14

ANEXO V

¿El merecimiento esta condicionado por la auto valoración?
Respuestas totales: 62

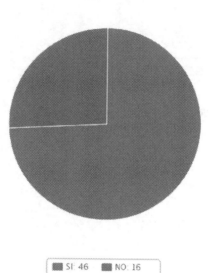

SI: 46   NO: 16

ANEXO VI

¿Conoces tu lado bueno y no tan bueno?
Respuestas totales: 62

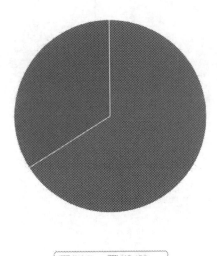

SI: 41   NO: 21

ANEXO VII

FRASE PARA REFLEXIONAR

"La risa es la distancia mas corta entre dos"

Bernard Shaw

"Donde hay amor no hay temor. Al contrario, el Amor perfecto hecha fuera todo temor"

La Biblia Juan 4:18

"El odio y el temor pueden emponzoñar el cuerpo tanto como el peor veneno"

Joseph Krimski

"Si amas la vida, la vida a su vez te amará"

Arthur Rubinstein

"El corazón tiene razones que la razón no entiende"

Blaise de Pascal

"Mi espíritu esta en paz, armonioso y feliz. Estoy optimista. Sé que con tu ayuda Divina, muy pronto volverá el orden a todas mis células, generando la salud perfecta"

Anónimo

"El futuro pertenece a quienes en la belleza de sus sueños"

Eleanor Roossevelt

"La primera gran riqueza es la salud"

Emerson

ANEXO VIII

Si deseamos alegría, demos alegría a otros;
si deseamos amor, aprendamos a dar amor;
si deseamos atención y aprecio, aprendamos a prestar atención
y a apreciar a los demás; si deseamos riqueza material,
ayudemos a otros a conseguir esa riqueza.
Es decir, la manera más fácil de obtener lo que deseamos
es ayudar a los demás a conseguir lo que ellos desean.
Este principio funciona igualmente bien para las personas,
las empresas, las sociedades y las naciones.

Si deseamos recibir el beneficio de todas las cosas buenas de la vida,
aprendamos a desearle en silencio a todo el mundo
las cosas buenas de la vida.
Incluso, la sola idea de dar, el simple deseo
o una sencilla oración tienen el poder de afectar a los demás.

Esto se debe a que nuestro cuerpo, reducido a su estado esencial,
es un haz individual de energía e información en medio
de un universo de energía e información.
Somos haces individuales de conciencia
en medio de un universo consciente. La palabra "conciencia" implica
mucho más que energía e información –implica una energía
y una información que viven en forma de pensamiento.

Por lo tanto, somos haces de pensamiento
en medio de un universo pensante.
Y el pensamiento tiene el poder de transformar.

La vida es la danza eterna de la conciencia,
que se manifiesta como un intercambio dinámico de impulsos
de inteligencia entre el microcosmos y el macrocosmos,
entre el cuerpo humano y el cuerpo universal,
entre la mente humana y la mente cósmica.
Cuando aprendemos a dar aquello que buscamos,
activamos esa danza y su coreografía con un movimiento exquisito,
enérgico y vital, que constituye el palpitar eterno de la vida.

Deepak Chopra

BIBLIOGRAFÍA

Anwanter, P. Introducción al Coaching Integral. Kindle Edition, 2008.

Besser-Siegmund, Cora Y Siegmund, Harry. Coaching Wingwave. Editorial: RigdenInstitut Gestalt. 2010.

Caballo, Vicente. Manual de evaluación y tratamiento de las habilidades sociales. Editorial SIGLO XXI. 1999.

Castañer, Olga. ¿Por qué no logro ser asertivo?. Editorial Descle. 2001.

Castañer, Olga. La asertividad: expresión de una sana autoestima. Editorial Descle. 1996.

Cloninger, S. Teoría de la Personalidad. Person Prentice Hall. Tercera Edición. México, 2003.

De Las Heras Renero, Mª Dolores Y Cols. Programa Discover. Junta Castilla y León.

Di Caprio, N. Teoría de la Personalidad. Editorial Interamericana, Puerto Rico, 1976.

Covey, Stephen R. Los 7 hábitos de la gente altamente efectiva. Editorial Paidos. 1974

Csikszentmihalyi, Mihaly. "Fluir (Flow)". Editorial Cairos. 1990

Davis, Martha ; MaKay, Mattew. Técnicas cognitivas para el tratamiento del estrés. Editorial Martínez Roca. 1998.

Davis, Martha y MaKay, Mattew. Técnicas de autocontrol emocional. Editorial Martínez Roca. 1998.

Dethlefsen, Thorwald y Dahlke, Rudiger. La enfermedad como camino. NovoPrint, S.A. España. 2014

Dilts, Robert. Cómo cambiar creencias con PNL. Editorial Sirio, 1998.

Dispenza, Joe. Desarrolla tu cerebro. La ciencia de cambiar tu mente. Editorial : La esfera de los Libros. 2007

Dyer, Wayne W. Cambie sus Pensamientos, cambie su vida. Editorial Hay House. EEUU 2012

Echeverría, Rafael. Ontología del Lenguaje. Editorial Granica. 2006

Franco, Carmen. Alcanzando el Éxito: Coaching para la gestión del proceso de cambio. EEUU. 2015

Galway, W.Timothy. El juego interior del tenis Editorial Sirio S.A. 1989

Golstein, Arnold. Habilidades sociales y autocontrol en la Adolescencia. Editorial SIGLO XXI. 1999.

Goleman, D. Inteligencia emocional. Editorial, Kairos, Barcelona, España, 1996.

Guarnieri, Silvia y Ortiz de Zárate, Mirian. No es lo mismo. Editorial LID. 2010

Hicks, Esther y Jerry. El dinero y la Ley de Atracción. Ediciones URANO. España. 2009

Jimenez Solana, José María. Libro completo de Reiki. Gaia Ediciones. España 1999.

Jonh H. Zenger, Mariano Operé Revista APD Julio-Agosto 2008

Lipton, Bruce. La biología de la creencia. Editorial Palmyra. 2005

Luengo Marín, Mª Ángeles Y Cols. Construyendo la Salud. MEC.

MaKay, Mattew y Fanning, Patrick. Autoestima Evaluación y mejora. Editorial Martínez Roca. 1999.

Martin, D. & Boek, K. EQ: ¿Qué es Inteligencia Emocional? Editorial. EDAF, S A, Madrid, 1997.

Miedamer, T. Coaching para el Éxito. Editorial Urano, 2002.

Murphy, Joseph. El Poder de la Mente Subconsiente. Editorial DIANA, España, 2009

O´Connor, Joseph. Coaching con PNL Guia practica para obtener lo mejor de ti mismo y de los demás. Editorial URANO. 2005.

Ormond, J. Aprendizaje humano. 4ta edición. Pearson Prentice Hall, México, 2005.

Ortiz, A. Aprenda a Ser Su Propio Terapeuta y vuele como una Gaviota. Bibliográficas, Puerto Rico, 2010.

Ravier, Leo. "Arte y ciencia del Coaching". Su historia filosofía y esencia. Buenos Aires: Editorial Dunken. 2005

Rozo, Luis Estela. "Decretos de Salud". Caracas, Venezuela. 2005

Sagastume, A. Historia de la Filosofía. Edición Smaswords, 2013.

Sambrano, Jazmin. Resilencia: Trasnformación positiva de la adversidad. Editorial Alfa. Editorial Melvin, C.A. 2010.

Reeve, J. Motivación y Emoción. 3ra Edición. McGraw Hill. Interamericana, México, 1997.

Rimpoche, Sogyal. El libro tibetano de la vida y de la muerte. Ediciones Urano. 1993 (11)

Rosen, S. Mi voz, irá contigo. Los cuentos didácticos de Milton H. Erickson. Paidós Terapia Familiar. Méxixo, 2004.

Ruiz, Miguel. Los cuatro acuerdos. Barcelona: Ediciones Urano S.A; 1998

Tolle, Eckhard. Una nueva Tierra, un despertar al propósito de su vida. Grupo Editorial NORMA, Colombia, 2005.

Valdivielso, F.C. Breve Historia de la Filosofía. Cap. 8, Sócrates. Kindle Edition, 2012.

Valles Arandiga, A. y Valles Tortosa, C. Programa de refuerzo de las habilidades sociales III. EOS.

Vallés, G. Programación Neurolinguística. Editorial Libsa, España, 1997.

Whitmore, J. Coaching. Editorial Paidos, Mexicana, S.A., 2011.

Printed in the United States
By Bookmasters